JN086244

子どもって、みごとな人間だ！
―保育が変わる子どもの見方―

佐伯 胖（東京大学名誉教授）
井桁容子（乳幼児教育実践研究家）

保育ナビ
ブック

はじめに

　幼児に接している時に、「どうして？」「どうして？」と質問攻めにあう時期があります。私も幼い時によく父親に「どうして？」と尋ねていた自分自身を思い出します。どんなことを尋ねて、どんな答えが返ってきたかはほとんど思い出せません。しかし、私の質問に嫌な顔をせずにその都度丁寧に答えてくれたり、「調べてみるといい」と助言してくれたりする父の反応がうれしくて、わざわざ質問の種を探していろいろな方向から投げかけてみました。すると、時々「いいところに気付いたね」と言ってもらえることがあり、その時のうれしさは今でもまだ感覚的に鮮明に残っています。

　保育者として保育実践をしている時も、「なぜ？」「どうして？」がたくさん湧いてきました。そのたびに、本を読んだり周辺の先輩方に尋ねてみたり、研修会に参加したりしましたが、なかなか気持ちよく解決に至ることはなく微妙に納得できない課題がたまり続けていました。そのような時期に、東京大学名誉教授の佐伯胖先生のご著書に出合いました。こんなにも丁寧に子ども理解のまなざしがもてるものなのだということや、私が保育者として抱えてきた「どうして？」の答えがたくさんありすぎて付箋だらけになりました。

　そのような意味で、佐伯先生との連載を私が希望した時に、ご快諾いただけたこと、回数を重ねても呆れずに根気よく私の「どうして？」に共感し続けて応答してくださったことは、いまだに夢か幻のような感覚でおります。時には、私の拙い文章で遠慮なしに「どうして？」を乱投するために、佐伯先生を困らせてしまったこともありました。

　それでもわかろうとしてくださる佐伯先生の姿勢に、改めて、人は何歳になっても共感を求めていて、共感してもらえることで意欲が湧いてくるということを実感しました。

　本書は、そのようなやりとりを月刊誌『保育ナビ』にて連載したものに加筆しまとめたものです。私が、日常的な保育の中の一コマを切り取り、自分なりの解釈を付けたものに佐伯先生が深く意味づけしてくださったり、その背後にある重要な保育者の役割に気付かせてくださったりしています。

　保育は忙しい時間の流れの中にあり、止まって考えることがついつい後回しになりがちで、気が付いた時には、いつの間にか大事な「子どもにとって」が後回しになってしまっているということも少なくありません。しかし、保育は流すものでもないし、留まったままでもいい様態とは言えません。大人の都合で流れてしまいがちなものに気付いて、時に止まってみて考えるということが大切です。焚き火を前に、ぽつぽつと本音で大事なことを語り合ったり考えたりする時が豊かな時間になるように、本書が、実践者や保育者養成にかかわる皆様にとって焚き火のような役割を果たせると幸いに思います。

井桁容子

CONTENTS

子どもって、みごとな人間だ！
―保育が変わる子どもの見方―

はじめに　　　　　　　　　　　　　　　　　　　　　　　　　3

Chapter 1	子どもが気付いているおもしろさに 寄り添っていますか？

対談　保育者も、子どもが感じているおもしろさを感じよう！　　8

事例1　Yくんが見つめるもの　　　　　　　　　　　　　　　12

事例2　TくんとHくんの優しい気持ち　　　　　　　　　　　17

事例3　几帳面なNちゃんが……　　　　　　　　　　　　　　22

事例4　音づくりを楽しむRくん　　　　　　　　　　　　　　27

事例5　ズボンを穿くのに格闘したHくん　　　　　　　　　　32

Chapter 2 　毎日の保育の中で
　　　　　　子どもの「will」を尊重していますか？

対談　子どもの「意思（＝ will）」、見ようとしていますか？　　　38

事例 6　我慢することの意味　　　42

事例 7　くり返すことの意味　　　47

事例 8　子どもの行為をつながりで見る　　　52

事例 9　子どもの心の育ち　　　57

事例 10　思い切り遊ぶことの意味　　　62

付録　園内研修用　気づき・感想シート

おわりに　　　79

Chapter 1

子どもが気付いている
おもしろさに
寄り添っていますか?

子どもと同じ
おもしろさを
感じる！

子どもと
おもしろさで
つながる！

保育者も、子どもが感じている
おもしろさを感じよう！

【 おもしろさとは
想定外の発見 】

佐伯 胖（以下、佐伯）：最近、子どもがおもしろさに気付いていることに、気付いていない大人が、保育者を含め多すぎる気がします。それが、今の社会問題と言えるとも思っています。

井桁容子（以下、井桁）：それなのに大人はなぜ子どものことをわかっているつもりになってしまうのでしょう。子どものほうがよほどおもしろいことや興味深いものに気付いているのに、気付いていないと思っていて、気付かせてあげようとする人も多いですね。

佐伯：保育者もおもしろさに気付くことができなくなっていると思います。それはきっと、おもしろさというものが「想定外」の発見だからですよ。常にものごとを予想して、予想したとおり実現するように仕掛けたり配慮したりするのが保育だと考えている人には想定外が目に入らない。想定外が想定できないというのはすごく問題です。保育者はまず、そこをほぐしていかなければ。

井桁：子どもが想定外のことをおもしろがれるのは、固定観念がないからでしょう。大人は長く生きている分、ものの見方を自分で固めてしまいがちですね。生き物の脳の特性として、そのほうが安心で楽だからと聞いたことがあります。

佐伯：生物学者の福岡伸一さんが、あるコラムの中で、こう書いていました。生命とはものすごい無駄を生み出すもの、それはもしもの時のために想定外の出来事に備えるためだ、と。無駄を生み出すことが生命の本質ならば、想定外を求めるのも生命の根源的な働きなのだと思って、非常に感動したんです。

井桁：私も以前、福岡さんの本で、生き物は、常に変化しながら恒常性を保っている、ということを知って、いつも同じであろうとすることは危ないことと気付いて感動したことがあります。

そこから考えると、保育や教育で急いで成果を求めることは、子どもを大人と同じ型にはめてしまうことになるので、非常に危ないですね。

私は長い間子どもとかかわってきましたが、「そうきたか！」という想定外のこ

とに出合うのが保育という仕事のおもしろさだと思っています。こうでなければいけないという型があって、想定内で収めようとする保育は、全くおもしろくないですね。

子どもは大まじめに おもしろがっている

佐伯：おもしろさにもいろいろあって、漫才師がやるような、ふざけるおもしろさと、米国の発達心理学者のジェローム・ブルーナーが言うシリアスプレイ[i]とがあります。子どもはおもしろいことをやりながら、実は大まじめなんです。

井桁：ええ、確かに。

佐伯：シリアスプレイについてはいろいろな論文があるのだけど、それらによると、科学でも芸術の分野でも天才と呼ばれる仕事をした人のほとんどが、幼児期はシリアスプレイに熱中しているんです。幼児期に、まじめに徹底的におもしろさを探求できた人が後からものすごく大きな仕事をするんですね。その意味では、子どもが熱心におもしろく遊ぶことができなくなったら、将来の世の中、危なく

なると思いますよ。

井桁：大人も元子どもだった人たちなのに、なぜそれを忘れてしまうのでしょう。大人にとって想定外であるものごとに熱中する子どもを、厳しい視線で別人種のように見る人たちもいます。それはかつて自分も歩いてきた道なのだという目で、なぜ子どもを見られないのだろうと思うこともあります。幼児期の遊びは答えを知ろうとしてやっているのではなくて、答えなど考えもせずにおもしろがっているのです。それなのに、合理的だからとおもしろさを省いて、答えを性急に教えようとするのが残念です。

文字言語を強要すると 感じる心が失われてしまう

佐伯：子どもにとっては、わからないことがおもしろいわけね。そういうおもしろがれる感性がつぶされてしまっているのは問題です。

それは、僕は学校教育のせいではないかと思っています。というのも学校教育では、妙に言葉を大事にしていますが、その言葉とは会話ではなく、文字言語と

子どもは
おもしろいことを
やりながら、実は
大まじめなんです。

佐伯 胖

して発展している言葉なんですね。記述的な言葉、説明的な言葉。教育を受けるなかでそれだけが正しいと思わされてしまったら、論理的な言葉ばかりを強要してしまったら、おもしろさに対する感覚が鈍ってしまうんです。

井桁：すると、論理的な言葉をもたない乳児の時代が無意味なものとされてしまい、0歳児の言語化できない部分が蔑ろにされてしまいますよね。でも、0歳の時に感じることをたくさん経験して、感じることをためた子ほど、その後、表現したいという欲求が出てくるものだと思います。

　乳児の場合、1人で感じさせておくだけではその先につながりません。そこに保育者の「共感」が言葉で添えられてはじめて、学びになる。りんごがあって、「おいしいね」「きれいだね」と言葉をかけても、もしかしたら子ども自身はいい匂いだと思っているかもしれない。先取りして概念を教えるのではなく、その子が感じているであろう言葉を添えながら一緒にりんごを感じることで、その子はりんごというものを理解し、わかっていく。

それなのに、りんご、丸い、赤い、英語で言うとアップル、というようにパターン化された言葉で、りんごを教えたつもりになっている大人がびっくりするほど多いのです。育ちを急がされた子ども時代を過ごした人が大人になって、自分がされたのと同じことを子どもにしようとしているのです。子どもが感じることやそれを表現することを待っていてもらえない状況の危なさを感じます。

佐伯：相手の感じていることを自分なりに解釈して、その概念を伝えるのが「同感」。相手の感じていることが自分の想定外であるということに驚きと感動をもって受け入れるのが「共感」。その2つは全然、違います。「同感」を大事にする現在の風潮を成敗しないといけませんね（笑）。

感じるおもしろさを復権させよう

井桁：学生や若い保育者を見ていると、子どものころから感じることを封印されてきた人たちがすごく多いように感じます。

佐伯：小さい時、若い時におもしろさを思いきり探求する経験をした人は、大人

子どもが
想定外のことを
おもしろがれるのは、
固定観念がない
からでしょう。

井桁容子

になってもおもしろさがわかります。今、世の中ではおもしろい世界が消えかかっていると思います。おもしろさの復権を大いに目指したいですね。

井桁：おもしろさの復権は子どもたちが鍵ですね。子どもたちは山ほど種をもっていますよ。

佐伯：そうですね、きっとたくさんもっている。その種をつぶさないように育てることが大事ですね。それには、保育者自身がおもしろがっていないと。そうでないと、おもしろがっている子どもを見つけることができません。

井桁：それどころかおもしろがっている子どもが面倒な子どもに見えてきてしまうのです。「想定外のことをする○○ちゃんは困った子」と。

　ある時、小さな積み木が4個しか入らない木の箱に、5個目の積み木を入れようとしている3歳児の子どもがいました。強引に入れると、すでに入っている積み木がポコンと浮きます。それで箱から積み木を全部出して、並べ方を変えてやってみても、どうしても1個、ぴょんと飛び出す。お迎えに来ていたお母さんに、

少し待ってみましょうか、とお伝えしてしばらく待っていました。何度やってもぴょこんぴょこんと飛び出すのに、諦めない。その根気がすごかったです。最後に箱をポンと置いたので、ついに諦めたかと思ったら、「明日、考えることにする」って言ったんですよ。天才は、わからないことを投げ出すのではなく、続けるんですね（笑）。

佐伯：素晴らしいね。

井桁：おもしろさを大事にするとは、自分にわからないことをいかに曖昧なままもち続けていられるか、だと思います。子どものそういった力をどうしたら応援できるか、いつも考えています。

佐伯：それには、保育者自身がおもしろさを感じていかないとね。それを実践しているのが、科学者や芸術家たち。そういったいろいろな人たちとつながりながら、感じるおもしろさを復権させていきましょう。

井桁：おもしろいですね。ワクワクしてきます。

事例 **1**　Yくんが見つめるもの

\ 子どもって、みごと! /
保育者の見地から

赤ちゃんたちの豊かに感じる世界と大人の存在

井桁容子

次第に興奮してきたその理由とは……

　ベッドで眠っていたYくん（4か月）が、いつの間にか目覚めて手足を動かしながら機嫌良く遊んでいました。気持ち良さそうに声を出していましたが、次第に手足の動きが激しくなり、息づかいも興奮しているような様子になってきました。周囲にはだれもいません。

　不思議に思いながらYくんが見つめている天井のほうに目をやると、そこには、ゆらゆらと不思議な動きをする光のかた

まりがあったのです。窓際に置いた洗面器の水面に太陽の光が当たり、それが反射して天井にゆらゆらした光を映していたのでした。なるほどこれは楽しいはずです。しばらくは、声をかけずにYくんの感じるままの世界を側で見守ることにしました。少し経ったところで「おもしろいねえ、ゆらゆら不思議ねえ〜。いいもの見つけたのねえ」と話しかけました。

　また、ある時には、ラックに座りながら窓のほうをじっと見たまま動かないので、今度は何を見つけたのかと視線の先を追ってみると、強い風で大きく派手に

揺れる木々の葉の動きに目を奪われていたのでした。静かでありながら刺激的で豊かなYくんの感性の世界です。

赤ちゃんは全身の感覚で何かに出合っている

このような瞬間に出合えた時には、神々しさのような感覚を覚え、そっとしておかないわけにはいかなくなります。そしてレイチェル・カーソンの『センス・オブ・ワンダー』（新潮社）の一節、「生まれつきそなわっている子どもの"センス・オブ・ワンダー"をいつも新鮮にたもちつづけるためには、わたしたちが住んでいる世界のよろこび、感激、神秘などを子どもといっしょに再発見し、感動を分かち合ってくれる大人が、すくなくともひとり、そばにいる必要があります」というフレーズを思い出します。これこそが、保育者の専門性として求められる感性なのだろうと、かつてこの本と初めて出合った時に共感を覚えたことだからです。

子どもが全身の感覚で何かに出合っている瞬間を見逃さないこと、そしてそのような体験がたっぷりとできる時間や環境が大切だと思える大人が側にいることは、赤ちゃんたちにとってはこのうえなく幸せなことであり、重要なことだと思います。

大人の先入観を与えてしまわないように

保育者が子どもに言葉をかけて"遊んであげる"こと、指示をしたり行為を促したりすることを"保育"と誤解している人が、少なくないような気がします。でも、声をかけずにそっと見守り、子どもと一緒になって黙って感じて、子どもが満足した時に「すごかったね」「きれいね」など、一緒に感じたことを言葉に表すだけで十分な時もあるのです。

子どもが何かをじっと見つめる時は、自分なりの感覚でそのことを取り込む作業をしている時で、感じることは見つめることにつながり、見つめることはわかることにつながっていく――。つまり赤ちゃんたちが何かを見つめている時はそのものをわかろうとする学びの時間なのです。だから、自分で考えて自分なりに納得するまでの間は、声をかけずに待ってもらいたいと赤ちゃんたちは思っていることでしょう。そのうえで、自分の力でわからない時には不安になったり混乱して泣いたりするので、その時は信頼できる大人が側にいて「風が吹いているねえ。すごいね」と言ってくれれば「そういうことか」となるわけです。

子どもが見て、感じる前に大人が言葉をかけてしまうと、その大人の視点だけで先入観を与えてしまうことになります。すると、子どもは自分の感性のアンテナを引っ込め、表現することを止めてしまい、せっかくのその子どもの特性が見えるおもしろい捉え方に気付かされるチャンスを保育者も失うことになるので、もったいないと思います。

研究者の見地から

「美しさ」に惹かれて
その世界で共踊する──。
「おもしろさ」は「知ること」の原点

佐伯 胖

「美しさ」というおもしろさ

　天井に映った光のゆらめきを見つめて手足をばたばたさせていたYくんの世界を、「Yくんになって」たどってみましょう。

　Yくんは動くモノを見ると、その動きの世界に自分も入り込んで、そのモノになって、その近接するモノたちと共に踊り出すのです。強い風で大きく派手に揺れる木々の葉っぱの動きを見た時は、その葉っぱの世界に入り込んで、自分がその中の1枚の葉になって、周辺のほかの葉と共振、と言うより共に踊る＝「共踊（？）」するのです。その「共踊」は、次第に「木の揺れ」にまで広がり、さらにそれを揺さぶる「風」も取り込んで、Yくんは全身でそれらすべての「共踊」の場の中に入り込むのです。

　これと同じことが起こり、天井に映った光のゆらめきの世界に入り込んだYくんは、光たちと「共踊」して手足をばたつかせていました。

　その光のゆらめきが、「窓際に置いた洗面器の水面に太陽の光が当たり、それが反射して天井にゆらゆらした光を映していた」ものだというのは、生後4か月のYくんには到底考え及ばないことでしょう。でも、Yくんが3～4歳だったら、その「光のゆらめき」がどこから来るかに興味をもち、「洗面器の水面に太陽の光が当たって反射している」ことに気付くかもしれません。そうしたら、いてもたってもいられなくなって、洗面器の水面を揺さぶり、天井の光がそれにつれてゆらめきを変えることにも気付くかもしれません。

　これが、アートを取り入れた幼児教育で世界的に有名なレッジョ・エミリアの幼児学校でしたら、アトリエリスタはそれをいち早く見つけて、Yくんと一緒に、「洗面器に太陽の光を当てて、反射する光の動きを映し出すスクリーン」を用意して、「光のゆらめき」実験を楽しむことになるかもしれません。そうなると、太陽、洗面器の水面、スクリーンのゆらめく輝きの全体が「共踊」の場となり、その「踊り」を多様に生み出す世界に入り込むでしょう。

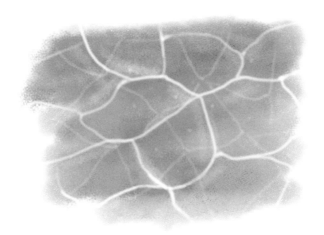

【 「科学する」ということ 】

　「科学者が科学を探究する」（つまり、「科学する」）というのはこういう営みのことなのです。世界の変化や動きをなんらかの「理論」で説明するという、無味乾燥な営みではありません。

　マイケル・ポランニー[i]は、自身の著 *Personal Knowledge: Towards a Post-Critical Philosophy* （Corrected Edition, The University of Chicago Press, 1962）の「緒言」で次のように語っています。

　「私は、科学が『個人性からの"切り離し"』を理想とするという見方を退けることから始める。このような間違った理想は、厳密な科学の世界ではなんら実害を伴わないだろう。なぜなら、そこでは科学者たちは一切そんなことを考えもしていないからである。」（原著からの佐伯訳）

　つまり、ポランニーは、本当の科学者が「科学している」時は、自分自身が（個人的な思いをもって）対象世界に入り込んで世界を感じているのであって、「客観性」（「個人性」の対極）の呪縛から世界を遠くから眺めて説明しようなどということとはほど遠いのだ、と言っているのです。

　染色体の遺伝子の動きに関する研究で1983年にノーベル賞を受賞したバーバラ・マックリントックは、次のように語ったとのことです。

　「研究すればするほど、〈染色体が〉どんどん大きくなって、研究に没頭しているときには、私は外部にいるのではなく、中に入り込んでいました。私は系の一部になったのです。自分がみんなと一緒になって、まわりのものすべてが大きくなっている。染色体の内部の要素まで見えました――ええ、そこには何でもありました。驚きましたよ。だって、自分がそこに入り込んで、よく知っている仲間に囲まれているのですから。……見ているうちに対象が自分の一部になって、我を忘れてしまうのです。」（『動く遺伝子―トウモロコシとノーベル賞』Ｅ．Ｆ．ケラー著、石館三枝子・

石館康平訳、晶文社、1987 年)

　これこそまさに、「共踊」する世界ですね。

　「美しさ」に惹かれて、その世界に入り「共踊」する。それこそが、本当の「おも
しろさ」であり、「知る」ことの原点だと思います。

「感じる」ことと「知る」こと

　ここでもう一度、Y くんの世界を、「Y くんになって」、スローモーションでたどっ
てみましょう。

　Y くんは、天井に映っている「ゆらゆらと不思議な動きをする光のかたまり」が
目に留まり、それを見ていると、「次第に手足の動きが激しくなり、息づかいも興奮
しているような様子になってきました」とあります。ここで注目したいことは、Y
くんにとって、「世界の"何か"(something) を知る」ことは、「何か (something)
を感じ、その何か (something) に心を揺さぶられる」ことから始まるということ
です。そこには、「感じる」ことが「知ること」より先にあり、それが「知ること」
を誘導する、ということです。この「知ること（わかりたいこと）」を誘導する、と
いうより、「知ること」に先駆けて、飛び込んでくる「感じる」は、驚き・不思議さ
と同時に、「はかりしれない尊さ」がこみ上げているに違いありません。これこそが、
レイチェル・カーソンのいう「センス・オブ・ワンダー」の「ワンダー (Wonder)」
でしょう。この「ワンダー」の感覚―赤ちゃんの時にはそれに溢れていた―を、大
人になってしまった私たちは、赤ちゃんから学んでぜひ取り戻したいことです。

ⅰ：ハンガリー出身の科学哲学者

事例2 TくんとHくんの優しい気持ち

\ 子どもって、みごと! /

保育者の見地から

子どもは自分の内面に
あるものもおもしろがる

井桁容子

散歩から始まった
2人のやりとり

　1歳児の子どもたちと散歩中の時のことです。草と小石で足元がデコボコのところにさしかかると、Tくん（1歳9か月）が心細そうにY先生を見ました。手をつないでほしいのだと、Y先生はすぐに察しがつきましたが、あいにくY先生の両手には2人の子どもが手をつないでいて応えられない状態です。Tくんは、Y先生と先に手をつないでいたGくんの洋服を引っ張って、不満そうに怒り出しました。

　Y先生は、1人で歩いていたHくん（2歳2か月）に「Hくん、Tくんと手をつないであげてくれる？」と頼んでみました。Hくんは月齢がいちばん高いので、足元が不安定な場所でも安定して歩けていたからです。Hくんは、すぐにTくんのほうに体を向けると右手を差し出しました。怒って泣いていたTくんが泣き止んで左手を差し出して2人は手をつなぎました。すると、Hくんは「お〜て〜て〜つ〜ないで〜♪」と歌い出したのです。Tくんは、口を一文字にして（いつも得意な時やうれしい時にする表情）満足そ

17

![事例 2]

うに笑いました。数歩進むとＨくんが、落ちている松ぼっくりに気付き、手をつないだまま拾って、「はい！　Ｔくん」と差し出すと、Ｔくんも空いているほうの手で受け取りました。さらに数歩歩いたところで「あっ、僕の分！」とＨくんがもう１つ拾って、また２人で歩き出しました。

　散歩から保育室に戻り昼食を食べた後、Ｙ先生が「さっきはＨくん、Ｔくんにとっても優しかったねえ」とＨくんを抱きしめながら言うと「優しかったねえ～」と、Ｈくんもとろけるような笑顔で言いました。そして「またおててつなぐ!!」と言ってＹ先生の腕の中を離れて、ほかのところで遊んでいたＴくんのところへ向かいました。Ｔくんは、ちょうど両手いっぱいに積み木を抱えていたところでした。でも、Ｈくんが近づいてきて「またおててつなぐ！」と言うと、両手の積み木をぱらぱらと床に落とし、Ｈくんと手をつないだのです。その時も、Ｔくんの口は、散歩中と同じ一文字で満足そうに笑っていました。

◆

　実はこのエピソードは、20年前に私が１歳児の担当をしていた時の保育日誌から拾い出したものです。感想には、以下のようなことが書かれていました。

　「本当は、Ｔくんは保育者と手をつなぎたかったはずなのに、Ｈくんの厚意を受けとめられたＴくんはすてきだ。保育室に戻った後も、Ｈくんの行為を受けとめるＴくんに、1

歳なのに人間としてとても上質な感情をもっていると感動した。また、Ｈくんの行為は、大家族（祖父母、叔母、両親）に囲まれて、丁寧にかかわってもらえていることが、他者への配慮として反映していると思われる。保育室に戻って、Ｔくんに優しくした時の自分の中に起こった感情を、もう一度味わいたくなったのだろう。」

　"ほう、この保育者は、手をつないでくれたＨくんではなく、手をつないでもらったＴくんの感情に感動しているのか"と、過去の自分ではありますがおもしろいと思いました。おそらく、Ｔくんの不安な状態が手に取るようにわかり、なんとか応答したかったけれども、物理的に難しかったので第２の提案をしてみた、それを受け入れてくれたことへの安堵感が強かったのかもしれません。そして、まだ１歳のＴくんが自分は不安でたまらない状況なのに、Ｈくんが自分にしてくれている行為の質を感じ取って受け入れる冷静さと柔軟な心があることに感動したのだろうと思います。０歳児からの持ち上がりの１歳児担当の５月の出来事でした。１年間のかかわりの積み重ねも反映されて見えない信頼関係がそこに育っていたようにも思います。当時、保育がおもしろくてたまらなかったことが思い起こされました。

　そして、20年後の私がこのエピソードを考えてみた時に、Ｈくんも Ｔくんも自分の内面に湧き起こった何か心地よい感覚をおもしろいと感じ、もう一度味わいたくなったのだと思いました。

研究者の見地から

子どもの行為を
ナラティヴ（意味希求の物語）として捉えると
保育はドキドキ・ワクワクに溢れている

佐伯 胖

〖 「ナラティヴ」のおもしろさ 〗

　このエピソードを、Y先生、TくんおよびHくんの経験世界の展開を、当人の「思い」に寄せてたどってみましょう。

　Y先生は2人の子どもの手をつなぎながら、Tくんがおぼつかない足取りで後をついてきて、心細そうなまなざしで自分を見ていることに気付きました。でも両手がふさがっていて「どうしようもない」のです。でも「なんとかしてあげたいけれど、どうしよう」という困惑を抱えていました。その時、側にいたHくんに目が留まります。とっさに、HくんはTくんより5か月ほど「お兄ちゃん」であることを思い出し、もしかしたらTくんと手をつないでくれるかと思って、「Hくん、Tくんと手をつないであげてくれる？」と頼みました。

　これは一種の賭けでした。Hくんが「嫌だ」と言ったら全部ダメ。ただ、Tくんの様子を見ていたHくんなら、Tくんの心細さがわかっているに違いない。Hくんにしてみたら、ここで年下のTくんのつらい思いに寄り添って手をつなぐことで「お兄さん」になれて、Tくんと特別な友だちになることで、「今まで以上の僕」になれるかもしれない（これはHくんにとって、小さな賭け）。また、Tくん自身にとっては、Y先生と手をつなぎたい気持ちはあるけれど、Hくんという「お兄ちゃん」と特別なお友だちになれることで、やはり「今まで以上の僕」になれるかもしれない（これも、Tくんにとっての小さな賭け）。Y先生はとっさに、Tくん、Hくんの両方にとってこれはよく育つチャンスかもしれないと思い、Hくんに賭けたのです。

　結果は、3人それぞれの賭けはアタリになりました。むしろ、それ以上に、2人は松ぼっくりを持ち合うという「2人だけ」の特別な関係で結ばれたし、Y先生は、Tくんが「先生離れ」という自立の一歩を踏み出したこと、Hくんが年下のTくんと対等な仲良し関係を新しくつくり出せたことなど、3人それぞれが、生み出された「想定外の」良い結果を楽しみ、味わうことができました。

　このように見てくると、Y先生、Tくん、そしてHくんのそれぞれが、なんらかの「戸惑い」に直面し、リスクを伴うことを承知で、「自分を乗り越える」選択肢を選んできていることがわかるでしょう。

　このように、様々な出来事を理解するにあたって、そこに生きる人たちそれぞれの「物語」（＝「ナラティヴ」）として読み取ることをジェローム・ブルーナー[i]は「意味の行為（acts of meaning）」と呼びました。ブルーナーの「意味の行為」は、わが国では最近まで「行為の意味」（人の語られた行為＝ナラティヴを意味づけ、解釈すること）として理解されてきたことについて、横山草介さん[ii]は異を唱えて、そうではなく、世界を意味づけようという意味希求自体が、「ナラティヴ」（すなわち、物語）とみなせること、それが「意味の行為」であるとしています[iii]。

　横山さんは、そのように捉えられる「ナラティヴ」を、「混乱とその修復のダイナミズム」と特徴づけています。つまり、なんらかの戸惑い、危機に直面し、そこを打開すべくチャレンジを試みた結果、なんとか打開されるという一連のプロセスだとしています。

　このような観点から、このエピソードを読み解いてみました。

　Y先生、Tくん、Hくんが、それぞれ「よく生きたい」という意味希求のなかで生活しており、その結果、それぞれに独自の「ナラティヴ」（ちょっとした迷い、戸惑いを前に賭けに出た結果、トラブル解消以上の良き事態に至ったこと）が読み取れました。

　このように、人々の意味希求をナラティヴとして見ると、そのナラティヴの展開のさなかではそれぞれがドキドキ・ワクワクし、「賭けにでる」決断を下した結果、想定外に「良い」結果に至っていました。

　「ナラティヴ」のさなかでは、子どもも保育者も「ドキドキ・ワクワク」の連続で「おもしろい」はずです。また、そのように考えた時、ドキドキ・ワクワクが日常的な「保育」という営み自体、「おもしろい」と思いませんか。

《「ナラティヴ」と「エピソード」》

　「ナラティヴ（narrative）」という英単語を辞書で調べると「物語」とか「お話」という訳語が出てきます。似たような言葉に「エピソード（episode）」という言葉があります。こちらを辞書で調べると「挿話」という訳語が出てきます。どちらも、なんらかの「興味深い出来事を記述したもの」ですが、「物語」とか「お話」といえば架空の出来事の記述も含みますが、ブルーナーのいう「ナラティヴ」は実際に起こった（あるいは現に起こっている）出来事の記述なので、鯨岡峻さんのいう「エピソード記述」iv と非常に似ています。ただ、「エピソード記述」は語り手の体験（特に「心揺さぶられた」体験）の記述ですが、ブルーナーの「ナラティヴ」は、登場する人物の「意味希求の行為」に焦点を当てています。登場する人物は、なんらかの「戸惑い」や「困難」に出合い、「なんとかしよう」という試み（そこには一種の「賭け」がある）と、その結果、「戸惑い」や「困難」を乗り越えること（横山さんのいう「修復」）ということを、当事者のまなざしで語るものです。鯨岡さんは「エピソード記述」が、「起こった出来事の事実を書くのではなくて、起こった出来事についての自分の体験を書く」ようにと注意されていますが、そこに、書き手が当事者の思いに寄せて、当事者のドキドキ・ワクワクを自分事のように語るという「ナラティヴ的観点」を入れる、ということをあえて提言したいと思います。さらに、「エピソード記述」と同様、その出来事へのリフレクション（振り返り）も付け加えたいですね。

ⅰ：アメリカの教育心理学者
ⅱ：横山草介著『ブルーナーの方法』溪水社、2019 年
ⅲ：ブルーナーは、従来ものごとを理解するにあたっては、概念・カテゴリー・原理による理解が良いとされてきたことを批判し、そうではなく、いきいきとした意味希求そのものをドラマ（＝ナラティヴ）として捉えるべきだとした
ⅳ：鯨岡峻著『エピソード記述入門―実践と質的研究のために』東京大学出版会、2005 年

事例 **3** 几帳面なＮちゃんが……

\ 子どもって、みごと! /

保育者の見地から

子どもには、感性が 赴くままの体験も必要

井桁容子

Ｎちゃんからの 意外な散歩の提案

　Ｎちゃん（３歳８か月）はきっちりしたことが好きで、長めの髪をゴムで束ねていてもほつれてくると「ここ留めて！」と気にしたり、ままごと遊びでも道具をきれいに並べて料理をしたり。その仕草には大人顔負けの美しさが感じられる几帳面さがあります。

　高齢出産で生まれた一人っ子のＮちゃんは、家庭では大人とのかかわりしかなかったためか、生後９か月で入園した時から、大人ならば見知らぬ人でも平気なのに、同じ年齢の子どもたちを異様に怖がって泣く様子も見られました。大人の自分に対する行為は予測しやすいですが、同じ年齢の子どもたちの行為は予測できなくて不安なのかもしれないと、できる限り保育者が間に入り不安を取り除くような配慮を心がけて、無理に仲間入りをさせることはしないようにしてきました。

　そんなＮちゃんが園生活３年目になったある日のこと。散歩に出かける準備をしている時に突然、Ｙ先生に言いました。「ねえ先生、今日はめっちゃくちゃのお散

歩しない!? めっちゃくちゃにして、ぶっちゃぶちゃにして!」と言葉に力を込めて、ワクワクした顔で言いました。それを聞いたY先生は、「ええ〜! めっちゃくちゃでぶっちゃぶちゃのお散歩するの?」。「うん、そう!」とニコニコしているNちゃんに、「いいね! めっちゃくちゃでぶっちゃぶちゃのお散歩にしようか!」と答えると満足そうに頷きました。

　散歩中、何かいつもと違ったことをするのかとY先生は楽しみに待っていましたが、実際には、いつも通りに気持ち良さそうに歩いていただけでした。

　そして、おやつの時間には「ねえ、めっちゃくちゃのおやつにして、お茶もぐっちゃぐちゃにしようか!?」と楽しそうに言うので「そうしましょう!」と同調するとますます楽しそうに「髪の毛もぐっちゃぐちゃにしてね!」と加えたNちゃんです。でも、実際には、いつも通りにきちんと座って、きちんとこぼさずに食べ終えて、食べ終えた食器を下げようとして、ほかの子どものお皿がばらばらに置いてあると「もお! ここじゃないでしょ!」と文句を言うようにつぶやいて、同じ形の小皿だけをきちんと並べ直していました。

◀ 窮屈な自分を発散? ▶

　Nちゃんが、なぜ突然こんなことを言い出したのかはわかりません。でも、普段Nちゃん自身がきちんとすることを好

んでいて、そのような自分は窮屈だと感じて解放したくなった気持ちの表れだとすると、なかなかおもしろいストレス解消法です。

　もしもY先生がこの時に「めっちゃくちゃのお散歩なんてとんでもありません」とまじめに教え諭そうとしたらNちゃんの心はどうなっていたでしょう。これまで以上に窮屈な自分と向かい合わなくてはいけないことになったかもしれません。でも、Y先生はNちゃんを0歳児の時からずっと見ており、これまでのNちゃんの気質からは考えられない言葉だったので、うれしかったのです。もしも本気でそんなことをする気持ちがあるのならば、それはそれでよいことかもしれないし、友だちの行動におどおどしたり猫が遠くにいると気付いただけでパニックになって泣き叫んでしまったりするようなことがあった1年前までの様子からは想像しえない、自信がついた姿と捉えていました。さらに、慎重で怖がりなNちゃんがそんなに突拍子もない「めっちゃくちゃ」な危険なことをするとは思えないという信頼もあったからです。

　子どもの側にいる大人たちは、いつも子どもにちょうどいいことだけを教えてあげることが親切で幸せに近づくことだと思いがちですが、「きっちり」とか「ちゃんと」とかだけではなく、「めっちゃくちゃ」「ぐっちゃぐちゃ」「ぶっちゃぶちゃ」の体験も本当は必要なのだとNちゃんから気付かされたように思います。

佐伯 胖

\ 子どもって、みごと! /

研究者の見地から

子どもはものすごい可能性を
もっている

【「子どもらしさ」の復権 】

　ずいぶん以前、私が東京大学にいたころ、森上史朗さんと対談することがありました[i]。まだ幼児教育がなんたるかもわからず、ただ私なりに幼児教育で大切にしてほしいこととして、「子どもらしさ（childlikeness）」について話しました。もともとはアーウィン・シンガーが『心理療法の鍵概念』[ii]で、心理療法家のもつべき特性として挙げたもので、「子どもっぽさ（childishness）」とは異なります。「子どもらしさ」とは、ものごとへの熱中、不確かさ・わからなさへの挑戦、目的意識からの解放、探求の柔軟さ、「驚き」の受け入れなどで、人間本来のもつべき大切な特性で、乳幼児のころは存分に発揮されているが、大人になるにつれていつの間にか失っている特性だとしています。シンガーは優れた心理療法家になるには、その「子どもらしさ」を取り戻さねばならないとしていました。

【「めっちゃくちゃ、ぐっちゃぐちゃ」への道 】

　赤ちゃんが自らの中にある「子どもらしさ」に目覚め、「めっちゃくちゃ、ぐっちゃぐちゃ」の絵が描けるまでの過程については、片岡杏子さんの『子どもは描きながら世界をつくる』[iii]が参考になります。

　同書の冒頭のエピソードは、1歳3か月のハナちゃんが、ブルーシートの床に置かれた大きな白い模造紙の上で両手にクレヨンを握って腰を下ろしたまま、じっと周りを見つめて動かないところから始まります。

　お母さんはハナちゃんの体に両手を当てて、水平に180度回転させました。ハナちゃんは足を前に投げ出して座ったまま、クレヨンを持った手を前後に動かしました。するとその手の動きに伴って床の紙に線が引かれました。お母さんはハナちゃんの横を指さして、線が描けたことを教えてあげました。その後ハナちゃんは自分

から動きながら、線が自分の体の動きの痕跡として描けることを楽しんで、姿勢を変えたり、はいはいしたりしながら、握りしめたクレヨンで手や体の動きの痕跡を描くことを楽しむようになりました。

◆

ハナちゃんが1歳5か月の時です。ハナちゃんが床にしゃがみ込んで線を描いている時、お母さんはほかの子どものお母さんと話し始めました。するとハナちゃんはおもむろに立ち上がり、お母さんの手を引っ張り、紙の貼ってある壁に連れていきました。立った姿勢で壁にぐるぐる巻き（円錯線）と上下のぐちゃぐちゃの線を大きく描き始めたので、お母さんは少し後ろで膝を抱えてしゃがみ込んでそれを見ました。ハナちゃんは大きな円錯線やぐちゃぐちゃ線を描くと、お母さんのほうを振り向き、見てくれているかを確かめたようでした。

ハナちゃんはその後どんどん大きな「ぐちゃぐちゃ絵」をいろいろなところに自分で描くようになっていきました。

◆

皆さんはジャクソン・ポロック[iv]という画家をご存じですか。床に敷いた大きなキャンバスの上を、ペンキをたっぷり含んだ刷毛を持って、ペンキを垂らしながら動き回り、画面いっぱい、ぐちゃぐちゃを描くという「アクション・ペインティング」を始めた人です。画家として、ひとりの人間として、「子どもらしさ」をとことんまで極めた画家でしょう。

前出の、井桁さんのNちゃんのお話をうかがって、「めっちゃくちゃをしたい」Nちゃんの思い（実際にはそれはできませんでしたが）をY先生がしっかり受けとめたことにほっとしましたが、結局「いつも通り」のキッチリ屋さんに戻ったということには、正直に言って「ああ、もったいない！」（すごい可能性が消えた）という実感でした。

◆

しかし、あらためてNちゃんの気持ちをたどり直してみた時、もしかしたらNちゃ

25

んはY先生に「めっちゃくちゃのお散歩」や「めっちゃくちゃのおやつ」を提案している時、心の中では実際に「めっちゃくちゃ、ぐっちゃぐちゃ」をしていたかもしれない、と思えてきました。

　「空想していた」と言ってしまえばそれまでですが、心の中では"本気で"やっていたのです。たぶん、それまでは、たとえ「空想」でも、そんなことは思いもよらなかったに違いありません。それがY先生と一緒にいると、「なんでも受け入れてもらえる」気がして、その「なんでも受け入れてくれること」を確かめるように、「めっちゃくちゃ、ぐっちゃぐちゃをする」と言ってみたのです。それを喜んで受け入れてもらえただけで、Nちゃんは安心して、心の中で"本気で"、「めっちゃくちゃ、ぐっちゃぐちゃ」をしていたのでしょう。

　考えてみると、私たちは小説、マンガ、映画などで、自分にはできっこない「めっちゃくちゃ、ぐっちゃぐちゃ」の世界で大暴れしている主人公に、自分自身"本気で"なりきって、それが終わると、「ああ、すっきりした」想いで、日常に戻るわけです。

　Nちゃんはy先生と一緒にいる時、そんなすてきな時間を過ごして、すっきりして、やはりどこか思いを新たにして、普段通りのNちゃんに戻っていったのかもしれないと、私なりに「空想」してみました。

ⅰ：森上史朗著『人間・子ども・保育―森上史朗対談集』フレーベル館、1988年
ⅱ：アーウィン・シンガー著、鑪幹八郎・一丸藤太郎訳編『心理療法の鍵概念』誠信書房、1976年
ⅲ：片岡杏子著『子どもは描きながら世界をつくる―エピソードで読む描画のはじまり』ミネルヴァ書房、2016年
ⅳ：ジャクソン・ポロック（1912～1956）。現代美術家。「ワン：ナンバー31」は有名

事例 **4** 音づくりを楽しむRくん

\ 子どもって、みごと! /
保育者の見地から

信頼できる大人が引き出す
独創的な遊びとおもしろがる気持ち

井桁容子

トラブルが絶えない一方、丁寧な対応から見えてきたRくんのすてきな特性

　Rくん（2歳1か月）は母親が仕事をもっていたために、1歳から祖母と日中を過ごしていました。動きが活発で好奇心も旺盛なので室内だけで過ごすことが難しく、祖母はRくんを自転車に乗せて毎日のように、子育て支援センターや公園、テーマパークなどに連れ歩いて過ごしていたようです。しかし、出かける先々でほかの子どもの玩具を取ってしまった

り、手が出てしまったりとトラブルが増えてきて対応に限界を感じ、保育園の入園を希望してきました。

　入園したばかりの時は、やはりRくんを巡ってのトラブルが絶えませんでしたが、担任のK先生がRくんに丁寧に対応していくうちに、Rくんのすてきな特性が見えてきたと言います。

　例えば、身のこなしが俊敏で、いろいろなことによく気付く細やかな感性があって、音楽に合わせて身体を動かす様子からはリズム感も良さそうだと。もしかするとRくんはこの細やかな感性のために、

大人には気付けない様々なことに気付いたり、遊びに満足できなかったりしているのかもしれないとK先生は考えました。

そこで、「お友だちの頭をたたくのは良くないことだけど、太鼓はたくさんたたけるし楽しいよ！」と、Rくんが思いきり楽しめそうな大きな段ボール箱で太鼓を作ってあげると、毎日夢中になってたたくことを楽しむようになりました。自分の感覚をつかって夢中になって遊べることが増え、K先生との信頼関係もできて、トラブルもすっかりなくなってきました。

ある日のこと、Rくんが床に普段よく遊んでいる小さめの和太鼓、タンバリンを2つ並べて、順に太鼓のバチでたたいていました。その後、思いついたようにままごとコーナーに向かっていき、ホーロー製の鍋と蓋、同じホーロー製の皿2枚を持ってきて、和太鼓とタンバリンの横に並べました。並んだ物を、両手に持ったバチで端からトントン、シャンシャン、チンチン、と順番にたたいて音を楽しみ始めました。ひと通りたたき終わってバチを床に置こうとする時に、バチが少し転がって乱れた感じになるのが嫌なようで、再び持ち直してから床にまっすぐに2本並ぶように、繊細な指の動きできっちり置いたのです。

そして、再びままごとコーナーに行くと、今度はステンレス製のやかんを手にして、底のほうをトントンと手でたたいて音を確認するかのようにして、先ほどの列の端にやかんの底が上になるように置きました。そして、バチをつかんで、

いちばん端のやかんから順に、カンカン、チンチン、シャンシャン、トントン……とたたき始め、側でずっとその様子を笑顔で見ていたK先生の顔を何度も確認するように楽しんでいたのでした。

子どもの真意は細部に表れる

ままごとコーナーの食器や鍋を打楽器にするRくんの発想は、もしかすると、K先生がRくんのために目の前で段ボール箱を太鼓に見立ててたたいてくれたことが参考になったのかもしれません。また、自分が感じていることに共感してくれて、それを支持し、さらには環境まで整えてくれる大人に出会えたRくんは、大きな安心感に包まれたことでしょう。このエピソード以外にも、Rくんは次々とユニークな遊びを発見して遊び込み、K先生を驚かせてくれました。

K先生は、その感動をRくんの家族に、連絡帳やクラスだより、朝夕の会話の中で丁寧に伝えていきました。Rくんが遊んでいる時に働かせている感性は、繊細で美しさにこだわりのある、知的で冷静なものであることを具体的な行為と結び付けながら伝えたのです。「神は細部に宿る」という言葉がありますが、子どもの真意も細部に表れるということです。

もしも、K先生と出会えなければRくんは、落ち着きがなく、トラブルメーカーの困った子どもというレッテルを家族に貼られてしまっていたかもしれません。

\ 子どもって、みごと！/

研究者の見地から

「造音遊び」のすすめ
──保育者は子どもが「造○遊び」 を楽しめる環境づくりを

佐伯 胖

> **人間は幼いうちから音楽性を備えている**

　小学校の学習指導要領において、教科「図画工作」には「造形遊び」という領域が設定されています。

　これは、1977年の学習指導要領改訂にあたって、「造形的な遊び」として登場し、1989年の改訂で、「造形遊び」と改称されて今日に至っているのです。1977年に「造形的な遊び」が初めて記載された時は「材料をもとにした楽しい造形活動」とされ、その後、1989年では、「材料をもとにした造形活動の楽しさを味わい、材料から豊かな発想をして、進んで造形活動ができるようにする」と示されています。

　このように、図工科では「造形遊び」という、「遊び」を前面に打ち出した教育内容が学習指導要領で公示されているのですが、残念ながら教科「音楽」には、「造形遊び」に対応するような領域内容（例えば「造音遊び」）は設定されていません。私としては、「材料をもとにした造音活動の楽しさを味わい、材料から豊かな発想をして、進んで造音活動ができるようにする」というのは、音楽という教科の中に立派に位置づくものだと思うのですが、残念ながら、教科「音楽」では、そのような自由な、まさに「遊び心」を解き放つような「音づくりを楽しむ」活動は、含まれていないのです。

　ところが、マロック＆トレヴァーセン編の『絆の音楽性』[i]によると、「人間はとても幼いうちから音楽性を備えており、表現への欲求をもつ」ことを、その証拠となる様々な実例をもとに説いています。例えば、出生前の胎児でも、母親の腹部に置いたヘッドホンの音楽に合わせて反応しているとか、妊娠中にくり返し聴いた子守歌を出生後にほかの歌より選好するということも明らかになっています。手で物をつかんだり、投げたり、たたいたりできるようになると、多様な音やリズムの変化に聴き入って、自発的に多様な音づくりに熱中するというのも、よく見られることだとされています。

29

保育者は子どもが感じ入っていることを鋭敏に感じ取ること

　どんな子も、実は、生まれながらにして「音づくり」を楽しみ、「材料をもとにした造音活動の楽しさを味わい、材料から豊かな発想をして、進んで造音活動（まさに音楽活動）ができる」のです。ただ、残念ながら、周囲の人たちが気付かないで、別の活動をさせようと誘導してしまったりするため、井桁さんのエピソードにあるRくんのように自由に「音づくり」を楽しむ活動は、あまり見られなくなっているのが現状なのではないでしょうか。

　その点では、K先生の対応は実にみごとと言わねばならないでしょう。

　「音楽に合わせて身体を動かす様子からはリズム感も良さそうだ」と感じ取ったり、「お友だちの頭をたたくのは良くないことだけど、太鼓はたくさんたたけるし楽しいよ！」と言って、段ボール箱で太鼓を作ってあげたり。またその後も、様々なたたける物を並べて順番にたたいて回っているRくんを大切に見守って、（おそらく）一緒に楽しんでいるとか……。

　井桁さんがコメントされていることによれば、「このエピソード以外にも、Rくんは次々とユニークな遊びを発見して遊び込み、K先生を驚かせてくれました」とのことなので、特段、「音楽性」だけのことではなく、K先生はRくんが様々な感性を発揮して「造○遊び」（○は形・音・色・歌・踊り等々）を楽しむ姿を楽しまれたのではないでしょうか。

　「子どもは生まれながらにしてアーティストだ」という、先の『絆の音楽性』が強く宣言していることを保育に活かすとすれば、保育者は子どもが様々なことに「感じ入っていること」を、鋭敏に「感じ取る」ことが大切でしょう。また、その子どもが「感じ入っている」世界をさらに広げ、開花させるように、臨機応変に環境づくりができる心の柔軟性も大切なことでしょう。

【 「感じる」は「知る」の始まり 】

　幼児にとって、世界を「知る」ことは「感じる」ことです。むしろ、「感じる」は「知る」の始まりであり、また、「知る」ことで、「感じ直し」も生まれます。Ｒくんは、身の回りのことで、「どこか、ヘン（おかしい）」と感じると、それを「正す」（ちゃんとする）行為が思わず出てしまうのでしょう。つまり、「感じる」は「知る」の始まりであり、また、「知る」働きをモニター（適切かの評価）しているものでしょう。このように、「感じる」は「知る」を先導し方向付けるものです。

　ところが私たちが「教育」という世界をもち込むようになると、「感じる」を切り離した「知る」（知識を得る）を刷り込ませてしまうのです。ものごとは「頭で考える」ことが大切で、「感じる」などは「頭を使っていない」こととして退けられてしまうのです。

　最近、教育界もそのことの間違いに気付き始めたのか、「非認知能力」なるものの重要性を唱え始めています。でも、私には「非認知能力」というのは、「非・認知」、すなわち「認知（知ること）」ではない能力として「感じる」能力を位置づけて、そういう能力をことさら強調しようとしているようで、これはＲくんではありませんが、「どこか、ヘン」と感じないではいられません。

ｉ：Ｓ・マロック、Ｃ・トレヴァーセン編、根ヶ山光一・今川恭子ほか監訳『絆の音楽性―つながりの基盤を求めて』音楽之友社、2018 年

事例 5　ズボンを穿くのに格闘したHくん

\ 子どもって、みごと! /

保育者の見地から

保育者として気付きたい
子どもがおもしろがっている
ものの中に「お宝」がたくさん!

井桁容子

┃ 脱いで穿き直すことを
何回もくり返した
Hくんと R 先生のやりとり

　Hくん（3歳5か月）が、ズボンを穿こうとしていましたが、生地が伸びない素材のようで、とても大変そうでした。両足を入れて、上へ上げようとしては膝のあたりからうまく上がらず、脱いで穿き直すことを何回もくり返しています。たまたま通りかかった時のことで、手伝ってあげるべきかな?と思いながらHくんの様子を見ていると、周囲にいる大人を

見ることもなく黙々とズボンと格闘していて、それほどストレスには感じていなさそうでしたので、見守ることにしました。

　もどかしくなるほど穿きにくい様子を気の毒に感じましたが、Hくんは音を上げず、どうすればこの問題を解決できるか挑んでいるようにも見えました。たくましく根気のある子だなあと眺めていると、やっとのことで上まで引っ張り上げて、きちんと穿くことができました。すると、Hくんは近くでほかの子どもの手伝いで忙しそうにしている担任の先生に声をかけました。「ねえ、R先生!　ねえ、

R先生！　ねえ～」。何度も声をかけて、R先生がやっとHくんのほうを見てくれました。「ズボン穿けたよ！　あのね、僕ね、お家に帰ったらママに言うよ。今度から、このズボンは買わないでねって！」。R先生は「あら、そう」と、そっけなく反応しましたが、それでもHくんは満足したのか、みんながいるほうに小走りで行ってしまいました。瞬間的に私は、「『あら、そう』だけではもったいない！」と思いました。この場面は保育者としては、お宝発見の場面だと思ったからです。

日常の中にある お宝発見の瞬間

　Hくんは、硬くて伸びないズボンと格闘している時間を、大変だと思いながらもうまく穿けることを目標に、おもしろがる気持ちで挑んでいたのではないかと思うのです。しかも、かなり苦戦しても途中で投げ出さず、大人に助けを求めることよりも、「自分でなんとかしたい」という気持ちのほうが勝っていたのです。同じような場面が私に起こったら、あっさりとやめてしまいそうです。そう思うと、Hくんの頑張る様子は、「何事も諦めずにおもしろがりながら取り組むことは大事なことだ」という私への励ましのメッセージとも受け取れました。

　しかも、ズボンとの格闘中に、「どうして僕は、こんなに大変な思いをしているんだろう」「ほかのズボンの時はこんなじゃなかった」「このズボンに原因がある」「このズボンはママが買ってきたものだ」「何

度もこんな思いをするのは嫌だ。どうすればいいだろう……」ということを考えていなければ、「ママに言うよ。今度から、このズボンは買わないでねって！」という言葉は出てこないはずです。3歳の子どもが、悪戦苦闘している最中に、そこまで考える余裕があることに気付かされることは、子どものもつ力を信頼し、応援する専門家である保育者としては、お宝の大発見の瞬間ではないかと思ったのです。だから「あら、そう」という返事は、目の前にあったものが宝物だと気付くことなく、ごみ箱に捨ててしまったような残念な光景でした。

　R先生は、忙しかったのです。だから、ズボンが穿けたかどうかが大事でした。しかし、忙しくても、Hくんの言葉は聞こえていました。ここで、「どうしてその言葉が出てきたのだろう？」と、不思議に思えれば、「あら、そう」ではなく「どうして？」と尋ね返したはずです。そうしたら、Hくんはどんなふうに答えたのだろうと、知りたくなります。

　Hくんは、きっとこの後の人生で困ったことが起こった時に、同じように自分でなんとかしたいという気持ちで取り組むことでしょう。それは、大人に頑張らされたことではなくおもしろがって自発的に取り組んだことだからです。保育者という仕事は、子どものおもしろがっていることの中にたくさんのお宝を発見することです。忙しさの中でもそのことに気付くことが、反対に余裕とやりがいにつながっていくと思うのです。

\ 子どもって、みごと! /

研究者の見地から

子どもの「専心没頭」に
丁寧に付き合えば
保育はよりすてきに楽しく

佐伯 胖

《 「靴下を脱ぐ」ということ 》

　2歳ぐらいだったか、靴を履いてやっと歩けるようになった孫が来て、玄関で靴を脱ぎ、さらに靴下を脱ぎ始めました。玄関で座り込んで、靴下を引っ張って脱ごうとしましたが、それがなかなかうまくいきません。

　靴下はつま先のほうから引っ張っても脱げないのです。引っ張るのではなく、足首のほうから「押し出す」のが正解なのですが、そこに気付くまでけっこうかかります。「押し出す」ことなのだとわかっても、「難所」は踵です。そこはただ「押す」のではなく、うまく踵を「くぐらせる」必要があるのです。何度も試行錯誤の末、そこがクリアできると靴下はスポッと脱げるという次第。孫は悪戦苦闘（5分ぐらいはかかったような気がしますが、たぶん実際はせいぜい2〜3分）の末、やっと左右の靴下が脱げると、何事もなかったように、駆けだして行ってしまいました。じっと見ていた私だけが、感動の余韻を楽しんでいました。

　井桁さんが紹介してくださったエピソード、ズボン穿きに悪戦苦闘していたHくん。たぶん、普段はそれほど苦労なく穿けていたのでしょう。この時に限って、いつもどおりにはいかない何かがあって、どうしても穿けない。あれこれ試みて、やっと「このズボン特有の」穿き方がわかったけれど、「もう、こんな苦労はごめんだ！」という思いになって、「お家に帰ったらママに言うよ。今度から、このズボンは買わないでねって！」と言ったのでしょう。

　でも、その「悪戦苦闘」を保育者が丁寧に見ていたら、前述の靴下脱ぎでは「踵をくぐらせる」ことがコツだとわかるように、そのズボンの穿きにくさのネックがどこにあるのか気付く瞬間があったに違いありません。でも、もしかしたら、ただあれこれ試みているうちに、偶然、その「ネック」となっているところがクリアされて、スポッと穿けたのでしょうか。その「ネック」がクリアできたことに注意を

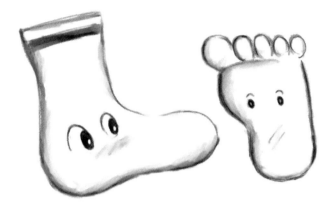

向けて「やった！」という実感がもてているなら、二度目からは苦労なく穿けるでしょうから、「こんなズボン、嫌だ！」という気にはならず、むしろ「穿きにくいズボンを穿く」ことのおもしろさを味わったかもしれません。

「専心没頭」に付き合う

　ケアリング（人が対象をケアし、同時に対象からケアされること）の研究で有名なN・ノディングズは、「人が対象をケアする」ということは、その対象に「専心没頭（engrossment）」することだとしています[i]。

　「専心没頭（engrossment）」というのは、日本語で言う「心を込める」、「気持ちを集中させる」というような意味とは全く違う（むしろ、正反対の）ことです。佐伯流の言い方を許していただけるなら、「対象になって対象の声を聴き、それに応えること」です。

　先ほどの「靴下脱ぎ」を例に説明しましょう。

　まずは靴下さんに「どうなりたいの？」と尋ねて、「足から抜け出したいの」という声を聴き、「どうなっていけば、靴下さんは足さんから抜け出せるか」に集中するのです。その時、「足さんのカカトさんが通せんぼしている」ことと出合う。そこで、靴下さんはカカトさんと対話し、カカトさんが靴下さんの隙間をくぐり抜ける、あるいは、カカトさんのとんがった山をうまく乗り越えるなら、カカトさんも痛くないし、靴下さんも楽になることがわかる。

　するりとくぐり抜けたら、「カカトさん、そういうことだったの？」と靴下さんはカカトさんに話しかけ、「協力してくれてありがとう」、「おもしろかったね。また今度遊ぼうね」と言って別れる——。これが「専心没頭」の意味です。

「したい」、「させたい」から離れる

　Hくんのズボンにしろ、私の孫の靴下にしろ、それに専心没頭する（ケアする）

ということは、「相手（ズボン／靴下）の声」を聴くということなのですが、これが案外難しい。何が難しいかというと、私たちはなんらかの困難にぶつかると、「ソレを何とかしよう」という気持ちにとらわれてしまうからです。相手に対して、「○○したい」、「○○させたい」というこちらの願いから離れられない。そのような、こちらの「したい」、「させたい」を一旦離れて、「相手はどうなんだろう」ということに心を向ける。これが「相手（ズボン／靴下）の声を聴く」ということです。

　Hくんにしろ、私の孫にしろ、相手（ズボン／靴下）に対して、「したい／させたい」から離れて、「相手になって」、「相手がどうなのか、どうしたいのか、どこを"乗り越えたい"のか」に気持ちを転換させた瞬間があったに違いありません。そういう相手側の身になって、相手にとって「どこをどうしたいのか」に気持ちの転換があったからこそ、スポッとズボンが穿けたり、靴下がスルリと脱げたりできたはずですが、それはほんの一瞬なので、「うまくできた！」瞬間に忘れてしまう。それは「もったいない」ことだと思います。

　この相手に対する「したい」／「させたい」からいったん離れて、「相手はどうしたいのか」「相手は何を乗り越えたいのか」への心の転換は、保育の神髄ともいえる大切なことで、なんらかのトラブル（困難）に直面した時にはおそらくだれもがそれをやっているに違いないのですが、トラブル（困難）が解消してしまうとけろりと忘れて、Hくんのように、「もうそういうトラブルはごめんだ」ということしか経験として残っていないということになってしまう。もったいないですね。

ⅰ：N・ノディングズ著、立山善康ほか訳『ケアリング―倫理と道徳の教育――女性の観点から』晃洋書房、1997年

Chapter 2

毎日の保育の中で
子どもの「will」を
尊重していますか?

わがままは
"自分のまま"
を活かすこと!

子どもの
わがままを
大事にしよう!

子どもの「意思(=will)」、
見ようとしていますか?

子どもを丁寧に見ること
=子どもの will を見ること

井桁容子(以下、井桁):子どもを丁寧に見てかかわることの大切さは保育者の多くは知っていて、実践されています。ただ、丁寧に一対一で向き合ったとしても、保育者が発信することを子どもが敏感に受けとめて、いずれ言われなくても大人が望むことを先回りして考えたりしたりするようになることをよく育ったとするなら、それはちょっと違うのでは? と思うのです。

佐伯 胖(以下、佐伯):子どもの意思(will)と保育者の意図(intention)という2つの言葉が鍵になりそうですね。

　私の子どもの話ですが、生後 12 ～ 13 週目ごろに自分の手をじっと見て結んで開いてをする時期がありました。「これを動かそう」という意思が本当の動きというものを生み出す。自分の中に生まれる根源的な思いが世界になんらかの変化をもたらすという、will の発見をしていたんです。ただ、日本ではそうした発達心理の話はあまり聞きません。その代わり、

9か月革命(共同注意)といって意図の発見は大いに語られます。

井桁:大人が見ているものを一緒に見るようになることですね。

佐伯:ただその時期は自分の will の発見より、他人が自分に何をさせたいか、他人の意図を読み取る方向に力が発達しやすいんです。

　冒頭の井桁さんのお話に戻ると、一対一であってもお互いの will を認め合う関係ならよいのですが、ともすれば大人は自分の意図を伝えることをコミュニケーションと考えがちです。乳児保育の場においてはまず「子どもの will =この子は何を求めているか」を見ることが大事ですね。

井桁:保育者が、子どものことを一緒に生きる人と思っているのか、何かをさせてできるようにしてあげる人と思っているかで、大きな違いが出ます。0歳の子が大人の意図を過剰に汲む場面を見たことがありますが、子どもの意思が失われていくことの怖さを感じます。

佐伯:大人も子どもも、大人の意図の先取りをするのがよいことだと誤解してい

る。子どもの能動的な意思が否定されることの弊害は将来はるかに大きいでしょう。

わがままって 素晴らしい⁉

井桁：大人の意図を読めることを良しと考える方は、子どもの能動性を尊重するとわがままになると思われるようです。

佐伯：日本人は、反わがまま的な、統制のとれたものを良いとするという感覚が非常に強いんですよ。明治になったばかりのころ、新政府が当時の日本から見たら統制のとれた成熟した諸外国の文化や教育をそのまま取り入れて新しい国をつくろうとしたこととか。

井桁：育て急ぎがそこでも始まっていたのですね。

　10年ぐらい前までは集団生活をする3歳未満児は全体の3割程だったのですが、今、実に半数近くになり、0歳児からという子も多くなってきました。そこで保育者が私の意図を汲みなさい的な保育をすると、子どもは自分の意思をもてないばかりか、相手が求めているものを従順

に受け入れて行動する受容体になってしまいます。4歳児に衝動的な子どもが多いということを耳にすることがよくあるのですが、それは、3歳までの自分に向かう時間を、大人を見るほうに使った結果ではないでしょうか。

佐伯：暴力を振るったり、物を破壊したりといった行動をするのは、自分にも意思があって、それは大人の思いどおりの意図とは違うんだって、確認したいからなんですよ。それがいけないこととして、わがままと言われてしまう。

井桁：自分の気持ちを大切に育てていくことが主体性を育てるということですよね。

　自分が遊んでいる玩具を取られても壊されても怒ることもなく、すぐに譲って自分の意思を隠して相手に合わせてしまうタイプの子どもを、早く助けなければいけないと思っています。それは主体性でも協調性でもないのですから、自分の意思を通していいのですよね。自分が遊んでいた玩具を取られてしまった2歳児に、嫌な時は嫌って言おうとか、取り返しにいこうと誘うと、私の手をぎゅっと

わがままという
ことを大事にしよう
というスローガンを
掲げたい。

佐伯 胖

握るんです。本当は取り戻したい気持ちがあることを確認できます。

佐伯：僕はわがままって素晴らしいことだと思いますよ。"自分のまま"を活かすのが人間としていちばん大切なことなのに、それを抑える教育を良いとする考え方を、なんとか成敗しなきゃいけない。

みんな意思あるものとして世界を見る

井桁：先日私の娘が言うには、3か月の子どもをソファに寝かせてあやしていたら、娘がいるほうの脚だけ動かして蹴ってくると。それは随伴性といって、赤ちゃんがお母さんに働きかけると反応してくれるということをわかっていてやっているということを話したのです。そんなことが生後3か月でわかっているということに気付くと、大人が必要以上に意図を出すことは失礼だという謙虚さが出てくると思います。でも一般的にはやっぱり赤ちゃんには、そんなに能力があるとは思っていないところからスタートしてるんでしょうね。保育者が効率よく意図を汲ませることを保育技術だと思ってしまうと、子ど

もは相手の意図を汲むだけの人になってしまいます。だれかの意図を汲むだけとなると将来的にAIにはかないません。

佐伯：AI時代になると見かけは非常にうまく事を運べるけれど、人間が本来もつ創造する力が失われますね。それはロボットに人間の仕事を奪われる話も恐ろしい。倉橋惣三さんの「驚く心」 i では、倉橋さんが世の中の豆だとか葉っぱだとかいろんな物が、みんな意思をもって何か言おうとしていると言っています。まさに意思あるものとして世界を見ています。そのまなざしで子どもを見れば、子どもがみんな何か言おうとしている、何かしようとしていると見えるわけです。そういう見方が、どんどん消えていくのはよくありません。

井桁：そして大人の意図から外れた場合、失敗と見なされることも心配です。

佐伯：失敗したら、自分の will に立ち戻ってその出発点から出直せばいい。出直すことは失敗ではありません。でも、意図の読み取りをやらせ直すという回路ができてしまうと失敗は本当の失敗になってしまいます。

大人の意図から
外れた場合、
失敗と見なされる
ことも心配です。

井桁容子

子どもの間違いを
どう見るか

佐伯：僕は今、子どもの間違いをどう見るかという現職の先生の実践の振り返りに付き合っています。僕は、間違えることの原点は非常に物をよく考えていることではないかと。どういう発想からこういう間違った答えを出すのか考えてみたら、その子なりにすごくおもしろいことを実は考えていたというのがわかったんです。その考え方に気付くのに、教員でも半年や1年かかるのですが、それがわかり始めると子どもにかかわるのが楽しくなってくる。

井桁：それに、うまくいかなかった時に、この子どもはどういう思考回路でこのことを受けとめるのか、あるいは何とかしようとするのかということを知ろうとすると、大人はその子どものもつ思考力や特性に気付かされてものすごく学ばされます。結論に到達するまでの人の思考回路はその人らしさとも言えますね。

佐伯：やっぱり自分で満足いくまで探究する経験がものすごく大事なんですね。

時計時間じゃなくて自分でやりきったと思える満足時間の保障。その保障が最近失われていることが怖いですね。

井桁：それにあっさりと相手にゆずったり、諦めることが協調性で社会性だと見なされては大変です。玩具を取られても仕方がないと1歳代、2歳代で思わせてしまうと、現状を変えようとする思考回路が育たないし、生きる意欲や学ぶ意欲、育ちたい意欲に確実に影響してきます。

佐伯：そうですね。幼いころ、自分の意思を大切にしてもらった感覚は、一生の大きな財産になります。そういう瞬間をわれわれは奪ってはいけません。あ、この子の will を消しちゃってるかも !?　と保育者がはっと我に返る。そうした思考回路をぜひもってもらいたいですね。僕は、わがままということを大事にしようという、スローガンを掲げたいです。大いに頑張っていきましょう。

井桁：ありがたい心強いお言葉です。

i：倉橋惣三著『倉橋惣三文庫③ 育ての心（上）』（フレーベル館、2008 年）の一編

事例 6　我慢することの意味

\ 子どもって、みごと! /
保育者の見地から

大人の先入観が子どもの
生きる力の育ちを妨げる

井桁容子

不可解な大人の言葉に
黙ってしまった女の子

　外出先での光景です。6歳くらいの髪の長い女の子が化粧室で、髪をとかして結び直しているようでした。その横で、自分の身支度が整った母親が「早く!　もう!!」とイライラした口調で言いながら、女の子の髪に手を伸ばしました。すると「ママがやると痛いからヤダ!　自分でやる!」「遅くなっちゃうの!」「痛い!　やめて!」。女の子が少し大きな声で言うと、母親が「痛くないでしょ!」と言っ

たので、少し離れたところで聞いていた私は、「ええ〜っ!　本人が痛いと言ってるのに?」と、笑い話のようなやりとりに噴き出してしまいました。その後「痛い!」「痛くないでしょ!」のやりとりを2回くらいした後に、母親が怒った口調でこう言い放ったのです。「もう!　そんなに言うこと聞かないならば、今日はジュースなしね!」と。私は、思わず「わお!」と声を出して笑ってしまいました。本人が痛いと言っているのに痛くないと言われ、挙句にジュースを取り上げられるという罰を与えられたことは、かなり

矛盾のある笑い話です。お母さんが罰を言い渡した後は、女の子は、何も言わなくなりました。

私は相手が痛いと言っているのに「痛くない」と断定できる根拠はどこから来るのだろう？　と不可解で、その後しばらく考えてしまいました。

「ママは僕じゃなーい!!」 3歳男児の名言

以前、似たような場面が私が勤めていた保育園であったことを思い出しました。玄関で3歳の男児に、母親がコートを着せていた時のことです。子どもが急に「痛い！」と言いました。すると前述の場面と同じように、お母さんが「痛くない！痛いわけないでしょ！」と言ったのです。すると、その子が怒った表情で大声で言いました。「ママは僕じゃなーい!!」。横にいた私は、その名言に「そのとおり！ママは僕じゃないよね。お母さんの負けです（笑）」と。私にそう言われた母親は「確かにそうですね」と認めてくれ、「どこが痛かったの？」と尋ね直してくれました。安心したように、その子は「おててがこうなって、痛かったの！」「そうだったのか……。ごめんね」ということで、一件落着したのでした。

このような場面は家庭の中でも、保育の中でもありそうです。子どもが泣いている時、「泣かないの！」「もうおしまい！」などと言われていることはないでしょうか。このことも、泣いている理由があるのに、泣き止むことを強いられるということは、「痛くない」と言っているのと同じことのように思います。

大人たちの多くはなぜこのような対応をしてしまうのでしょうか。子どもは、わがままだから痛くもないのにそう言うことがあるに違いない。ほんのちょっとのことで大げさに騒いでいるに違いない。そんな先入観があるように思います。さらには、逞しく生きていくには、ちょっとしたことで泣かない強さを育てなければという願いや、子どもをきちんと育てる大人としての使命感のようなものからでしょうか。

しかし、子どもの立場に立ってみるとどうでしょう。2つ目のエピソードの男の子のように、母親に反論できれば、大人の先入観を打ち砕くことができますが、1つ目のエピソードの女の子のように、痛いと感じて表現してもわかってもらえないだけでなく、否定されて罰まで受けるとなると、逞しく生きる力はどう考えても育つとは思えません。本当の自分の気持ちを表現する前に、大人に叱られないように我慢する選択のほうが無難だと思うようになるでしょう。実際に、女の子はもう何も言わなくなりました。

\ 子どもって、みごと! /

研究者の見地から

「我慢させる」のは良いことか
―「我慢神話」を絶つ―

佐伯 胖

「いたくない、いたくない」の謎

　かつて私が『幼児教育へのいざない』（東京大学出版会）を執筆していた時、たまたま岡本依子さんの「母親と子どものやりとり」という論文に出合い、早速引用させてもらいました[i]。岡本さんの論文は次のような文で始まります。

"以前から、不思議に思うことがある。

　幼い子どもが、転んだりぶつかったりして、泣きそうになることがある。そのようなとき、母親や他のおとなが飛んできて、その子どもに「いたくない、いたくない……」と繰り返して言って聞かせる。（中略）

　さて私が不思議に思うのは、この「いたくない、いたくない……」という発話である。この発話は、誰のことばなのだろうか。"

　岡本さんはこの後、母親と言葉が未発達の赤ちゃんとのコミュニケーションで、母親が赤ちゃんに話しかけ、それに応えるだろう赤ちゃんの言葉を代弁して語り、それにまた母親が答えるという、「1人2役」のコミュニケーション風の対話をつくり出していることに関心をもち、「母子の代弁コミュニケーション」についての研究に発展させていました。岡本さんは様々な母子代弁コミュニケーションを調べて詳細に分類していますが、母親が子どもに言う「いたくない、いたくない……」という発話が「代弁」だとして、だれをなぜ代弁しているかについては、きちんと答えられてはおらず、私には謎のままでしたが、今回、その謎がやっと解けたように思いました。

我慢する子は成功するか

　井桁さんのエピソード1で、女の子が「痛い！　やめて！」と少し大きな声で言

うと、母親が「痛くないでしょ！」と言ったという話。これを読んだ時、この母親には「子どもに多少の苦痛を我慢させることは（教育的に）良いことだ」という思いが潜在的に働いていたのではないか、と思いました。

「我慢は良いことだ」ということを「証拠立てる」とされる実験（通称「マシュマロ・テスト」）があります。次のような実験です。

就学前の子どもの目の前にマシュマロを1個載せたお皿を置いて、実験者は「出かけている間、食べないでね」と言って席を離れます。15分後に戻ってきた時に、マシュマロを食べていた子は「自制心のない子」、我慢して食べないでいた子を「自制心のある子」として、10数年後まで追跡調査をしたら、「自制心のある子」のその後の学業成績は高く、社会的成功度も高かったけれども、「自制心のない子」は学業成績も振るわず、社会的成功度も低いという結果が出ました。このことから「自制心を育てれば、社会的に成功する人になる」という説が生まれ、広く信じられてきました。

しかし、マシュマロ・テストについては、その後、大規模な長期にわたる詳細な実験で、マシュマロ・テストの合否（「我慢」するかしないか）は、子どもの家庭の経済的背景の影響が強く、それによってその後の成績や社会的成功との相関も高いことがわかっており、現在では「自制心のある子（我慢する子）は社会的に成功する」という通説は否定されています。

ところで、エピソード2の、「ママは僕じゃなーい !!」と言った子ども、この子はすごいですね。

「痛くない」と言うママへの普通の反論は「痛いことの主張」でしょう。でもそれでは単に「水掛け論」です。ではどうすればよいか。そこで「なぜママは僕の痛さがわからないか」を「ママになって」考えてみたわけです。その結果わかったのは、「ママは僕じゃない」ということであり、さらに、「そのことをママは気付いていない」ことだとわかったのです。それで、「ママは僕じゃなーい !!」と叫んだ次第。

《 「エンパシー」とは 》

　このエピソードを私なりにまとめると、この3歳の男の子には「エンパシー」の能力があり、彼のママにはそれが欠けていた、ということです。

　「エンパシー（empathy）」は普通、「共感」と訳されていますが、ブレイディみかこさんは、日本では empathy を「共感」という訳語にしてしまったのが最大の問題で、似たような言葉である「同感（sympathy）」と混同されている、としています[ii]。

　ブレイディさんによると、「エンパシー」というのは他者の身になって（「他者の靴を履いて」）、他者の感情や経験を理解する能力であり、「シンパシー」はだれかをかわいそうだと思う感情で、自然に「内側から湧いてくるもの」だというのです。「エンパシー」は私たちが社会の一員（シティズン）となるために「身につけるべき能力」で、例えば、ブレイディさんの息子さんは公立中学校での「シティズンシップ・エデュケーション」（市民教育）の授業で「エンパシーとは何か」について「教えられている」という。ブレイディさん自身も、英国で語学学校に通っていた時、「エンパシーとシンパシーの違い」というのは授業で厳しく教えられたとのことです。

　そう考えると、井桁さんのエピソードにある3歳の男の子が、自分を叱るママの身になって（ママの"靴を履いて"）、ママがどういう思いで「痛くない！　痛いわけないでしょ！」と言っているかを理解し、それを「正す」行為として、「ママは僕じゃなーい!!」と言ったことが、いかにスゴイことかとおわかりでしょう。その子は生まれながらにして、立派に1人のシティズン（市民）です。

i：佐伯胖著『幼児教育へのいざない─円熟した保育者になるために』東京大学出版会、2001年、pp.28-33
ii：ブレイディみかこ著『他者の靴を履く─アナーキック・エンパシーのすすめ─』文藝春秋、2021年

事例 **7** くり返すことの意味

\ 子どもって、みごと! /

保育者の見地から

納得するまでやり抜く意思と
意欲はその子の伸びしろに

井桁容子

10か月の天才!?

　生後10か月のRくんが、自宅でつかまり立ちをしながら近くにある棚の上に、プラスチックでできている新幹線の玩具を載せようとしています。棚の高さがRくんの頭よりもちょっと高いくらいなので、背伸びをするようにして新幹線を棚の上に置き、手を離して、ちょっと眺めるようにして、再びつかもうとすると、軽い素材なので指先でちょっとふれただけで動いてしまい、手が届かなくなった

り、棚の向こうに落ちてしまったり。そのたびに、「あーっ!!」と怒ったような大きな声を出すので、お母さんが何事かと驚き、そういうことかと気付いて、新幹線を拾って手渡すと、再び棚の上に。そして、また自分では取れないところに行ってしまっては、怒って声を上げるということを、かなり長い間（おそらく20回くらい）くり返していました。お母さんは、愚かな行為と捉えていて、「この子、頭悪いですよね〜。同じ失敗を何度もやって……」と、私にスマートフォンでその映像を見せながら、呆れるように言いました。

事例 7

私は、Rくんの真意はわかりませんが、お母さんに「Rくんは頭が悪いのではなく、むしろかなりのお利口さんですよ」と言いました。「ええ〜っ！ どこが？」というリアクションのお母さんに、私なりの捉え方を説明しました。

同じことを長い時間くり返すことができるということは、同じように見えて違っている、ということに気付ける観察力がありそう。なぜならば、本当に全く同じことが続いたら子どもは、すぐにおもしろくないとわかってしまう力があるから。そのあたりを見極める力は、大人よりも子どものほうが鋭いと、長年の子どもたちとのお付き合いを通してわかっているからです。そして、何度もチャレンジするということは、どうしてもしたいという目的をもっているということ。さらに、そんなふうにこだわりがあるということは、一度やろうとしたことは納得するまでやりたいという意思と意欲の表れです。だから、伸びしろがたくさんある。ゆえに「Rくんは、かなりのお利口さんなのです」と丁寧に説明しました。「そうなんですか……」とお母さんは改めて自分の撮った映像を見直していました。

子どもが知りたがることを知りたがる

似たようなことは、保育の日常の中でも見られます。例えば、散歩の時に、同じ場所を何度も行ったり来たりするYくん（1歳4か月）。何があるのかとよく見ていると、1か所だけ自分が乗るとカタカタと動く石畳に気付いて、その上を何度も歩いて確認していた。また、Hちゃん（1歳）が、ベビーカーに乗って散歩をしている時に、ずっと下（地面）ばかりを見ていたので、その視線を追ってみると、木々の影が道に映り、風が吹くたびに影が動いていることに気付いていた――など。

子どもが同じ行為をくり返しすることは、単純で未熟だからとRくんのお母さんのように捉える大人がとても多いように思います。しかし、保護者はそうであっても、保育者は子どもをそのように見てしまうことは避けたいところです。

例えば、そもそもRくんは、新幹線をなぜ棚の上に置きたいのか。そして、一度置いたものをまたつかもうとする、その時に、したかったことはなんなのか。そこにRくんなりの何かがあるのです。それを私は知りたくなります。Rくんの手の動きを注意深く見てみると、もしかしたら、棚の上にきれいに、つまり平行に置きたいけど、少し斜めになっているのをちょっと調整したいのにうまくいかない！ あるいは、横倒しなので直したいと思って、何度も修正を加えようとしているとしたら、もう天才!! です。こんなお宝のような一瞬が、"単純なことのくり返し"と見落とされるのは、あまりにもったいないです。

\ 子どもって、みごと! /

研究者の見地から

出来事の終わりを
決めるのは子ども自身

佐伯 胖

【「円環の時間」と「直線の時間」】

内山節さんは、長く群馬県の上野村という山村に住み込み、山村の生活をもとに、
都会生活に慣れきっているなかで失っている、人が自然や社会とかかわって「生き
ている」ということの原点を探究し続けている哲学者です[i]。内山さんは、近代産業
社会の効率中心の生活と、人間が自然とのかかわりの中で営んでいる人間本来の生
き生きとした生活との根源的な違いを、「時間感覚」の違いから論じています。

人類は長い間、「時計」というものを全く持たず、生活の中で、日が昇るとともに
起き、次々と立ち現れる「出来事」に気を配り（配慮し）、夜が来て、朝になる……
という「くり返し」を続けてきました。春になり、夏になり、……そうして1年が
経つと、また春が来る。そういうくり返しのくり返しが「時」を刻む。現代でも、
内山さんが暮らしている山村の生活は、そういう「円環の時間」に生きているのです。

ところが都会の生活では、過去―現在―未来と一直線に、時計が刻む「直線の時
間」に人々は追い立てられ、縛られ、引きずられることに慣れっこになっていますが、
内山さんは、これは人間本来の生きざま（生活）ではないと断言します。

【「やり直し」は「生き直し」】

今回のエピソードで、プラスチックの新幹線の玩具を棚に載せようと何度も試み
ているRくんは、円環の時間を生きているのです。「落ちた新幹線を棚に載せること」
をくり返し、その都度、新たな気持ちで「やり直して」いますが、彼の気持ちは毎回「生
き直して」いるのです。直線的な時計の時間から見れば、「先へ進んでいない」こと
は耐えられないでしょう。でも、科学者が何かを探究している時は、気が遠くなる
ほどの「くり返し」を生き直し、本人が「終わったな」と思えた時に終わる（この時、
いわゆる「発見」が生まれていることが多いですが、そのことは付随的な結果にす

49

ぎない）のです。

　散歩の時、乗るとカタカタと動く石畳に気付いて「歩き直す」Ｙくんにとっては、「カタカタ鳴る石畳」は、やり過ごせない「出来事」です。私たち大人でも、実は、そういうやり過ごせない「出来事」にしょっちゅう出合っているのですが、時計的時間に引きずられて、「やり直し＝生き直し」ではなく「やり過ごす」癖を身につけているのです。

　私たちが、身の回りの何かに出合い、「やり過ごせなくなる」ことを、マルティン・ハイデガーは「配慮（Sorge）」とし、それこそが人間の存在を確かな存在（現存在〈Dasein〉）たらしめていることとしています[ii]。この「配慮（Sorge）」は「ケアすること」と言い換えてもよいでしょう。つまり、人間は、常に何かをケアし、ケアされる存在なのです。

　子どもと生活を共にしている時、子どもが何かに気を留めて、じいっと見つめていたり、同じことを何度も「やり直そう」としていたりする場面に出合ったら、これは何か大事なことに違いないと腹を決め、ほんのひとときでも、「時間（時計的時間）を忘れて」、その子どもが見入っていること、くり返して（やり直して）いることに、一緒に入り込んで、時計的でない「円環の時間」をたっぷり味わって、まさに「生き直して」みましょう。

▌終わりを決めるのはあなた ▌

　北イタリアのレッジョ・エミリアに行った時、ある幼児学校の玄関ホールのパネルにこんな言葉が書かれていました。

If it is okay, it is the end.
If it is not okay, it is not the end.

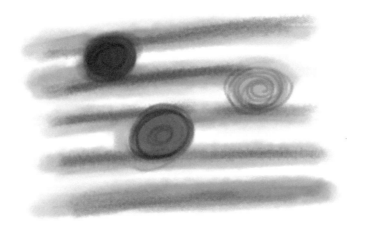

もしも、それがオーケーなら、そこで終わり。
オーケーでなければ、終わりじゃない。

　出来事の「終わり」を告げるのは、時計的時間ではなく、時を忘れて熱中しているあなた自身です——。このことをすべての子どもに保障してあげることが、今日の保育でどれほど大切なことでしょう。

【 「時計」がなかった時代 】

　先ほどの「円環の時間」を提唱した内山節さんによると、明治の初期、日本中に「学校」が作られたけれども、「学校にも時計は長い間なかったはずだ」と聞いて驚き、調べてみました。確かに校庭に「日時計」を作った学校はたくさんありましたが、それを見ながら授業をしていたはずはありません。

　要するに、子どもたちの「学び」は、やりたいことを、やりたいだけやって、やり尽くしたあと、「じゃあ、次はこれをやるか」で進めていたに違いありません。

　それが今日の保育や教育では、「発達」とか「進歩」という言葉の魔法にとりつかれており、いつも、「さっきよりは今、今よりはその先」と、一歩進んだ先へと追い立てられ、せかされている。「いつまでも同じことをしている」のは「時間の無駄」とされます。しかし、内山さんによれば、それは「時間を使い捨てて」いるのです。そのような生き方をするようになった時、「自分の営みに情熱をもつ」ことが果たしてできるのか、と内山さんは問いかけるのです。これは井桁さんのエピソードのYくんが私たちに問いかけていることでもあります。

ⅰ：内山節著『時間についての十二章』農山漁村文化協会、2015 年
ⅱ：ドイツの哲学者（1889 ～ 1976）。M. ハイデガー著、原佑・渡邊二郎訳『存在と時間　世界の名著 74 ハイデガー』中央公論社、1980 年

どーぞ

事例 8　子どもの行為をつながりで見る

\ 子どもって、みごと! /
保育者の見地から

一連の行為の中に
子どもの気持ちを感じ取る

井桁容子

▌遊具の取り合いと
▌保育者の対応

　園庭で、Tくん（2歳）とRくん（2歳2か月）が手押し車を押してあちこち移動しながら楽しそうに遊んでいました。その様子を見ていたKくん（1歳10か月）が、Rくんの側に行き、手押し車をつかんで強引に取ろうとしました。Rくんが「だめ！」と取られないようにガードすると、Kくんが泣き出しました。

　このような場面は、1・2歳児の保育の中では日常茶飯事です。しかし、保育者の対応は様々で、例えば、

①A先生

　RくんとKくんが遊具の取り合いになっていると判断し、「けんかしないの！仲良く順番に使おうね」

②B先生

　Kくんが遊具を横取りしようとしたと判断し、「お友だちの物を取ってはいけないのよ。貸してと言うのよ」

　さて、この時、様子を見ていたE先生は「Kくんもやりたかったねえ。どうしようか……」と、泣いているKくんに言葉をかけました。それから、「先生とここ

で待ってみるのはどうかな？　もしかしたら、"どーぞの車"が届くかもしれないよ」と言いながら、近くにあったベンチに座りました。すると、Kくんは泣き止んでE先生の隣に並んで座り、2人でTくんとRくんが手押し車で遊んでいる様子を見ながら、待つことにしたのです。

　2人が座ったベンチ近くに、車を押しながらTくんとRくんが近づいてきました。E先生が「あっ、もしかしたら"どーぞの車"が来たかな？」とTくんとRくんに聞こえるように言いましたが、笑いながら通り過ぎていきました。そして、再び2人の前にやってきて、E先生が同じように、「今度こそ、"どーぞの車"が来たかな？」と言うと、愉快そうに笑いながら通り過ぎていきました。TくんとRくんは、E先生とKくんが期待していることを知っていて通り過ぎている感じです。でも、3回目の時に、Rくんの車がKくんの前に止まったのです。そして、「"どーぞのくるま"でーす」と言って、車を手放しました。Kくんは、すぐにベンチから立ち上がり、車を押し始めました。Rくんはというと、園庭の遊具置き場から、自分で三輪車を持ってきて、KくんとTくんが車を押しているところに参加したのです。

《 「教える」と「提案」の違い 》

　前述の①②の保育者のように、子どもに正しい行動を教えたがる保育は、一見とても正当に見えるのですが、実は、子どもの行為を"点"で見ているのです。"つながり"の中で見ていれば、それぞれの子どもの気持ちが見えてくるので、かかわり方やかける言葉が違ってくるはずです。また、幼いうちから道徳性を身につけさせるためには、「順番を守ることは大切」「人の物を取ることはダメ」だとくり返し教える行為による習慣づけが重要と考えていることが見えてきます。しかし、当事者の子どもたちの心の状態とは一致していないので、子どもにとっては、全く無関係な道具を強引に握らされ、これを使うようにと言われた感覚になるのではないかと思います。

　E先生は遊んでいる様子をつなげて見ていたので、RくんとKくんそれぞれの気持ちを感じ取ることができ、その場しのぎの道具を渡すことは思いもしない。それは、E先生が最初にKくんにかけた「どうしようか……」という言葉によく表れています。数に限りがある物を欲しくなった時には「どうしようか？」と、考えるしかないのです。

　そして、使っていたほうのRくんは、使い続けたい気持ちがあって当然です。しかし、Kくんと取り合いになったことで使ってみたいと思っている人の存在に気付いたとすれば、ある程度遊んだ後に「どーぞ」と譲ることがあってもよいと思うのですがどうでしょうか？　と、E先生はRくんに提案してみたわけです。このようなやりとりが、1・2歳の年齢でできることに驚かされます。

佐伯 胖

\子どもって、みごと!/

研究者の見地から

子どもの
対人葛藤をどう見るか

⟪ ぶつかり合いを通して他者を思いやる「心もち」が育つ ⟫

井桁さんのエピソードには、とても考えさせられました。

感心したのは、E先生の対応の見事さです。普通これはなかなかできない。例に挙げたA先生、B先生の対応はよく見られる対応でしょう。それに対し、E先生の対応はめったに見られない対応です。

どうしてかというと、そもそも「保育」ということを「子どもが望ましい状態に達してほしいという大人の願いをもって子どもにかかわること [i]」という一般的な観点からすれば、A先生、B先生の対応は、あまりにも当然の対応だからです。お友だちが遊んでいる遊具を強引に横取りするなんて、到底「望ましい姿」ではない。この場合の「望ましい姿」は、「けんかをしないで、仲良く順番に使う」ことであり、お友だちの遊具を使いたくなったら「貸して」と言うことで——。それは、当たり前のことでしょう。

ところが、我が国の保育の原点を探究した倉橋惣三さんの保育観は全く違うのです。倉橋さんが子どもの対人葛藤(「いざこざ」や「けんか」)をどのように見ていたのかについては、水津幸恵さんが詳細に論じています [ii]。

水津さんによると、倉橋さんは子どもの対人葛藤に対して大人がなんらかの「望ましさ」(道徳性)の観点から仲裁に入ったりすることは、子どもが自らの自発性を表現し、また他者の自発性を感じ取ることを通しての、共感的人間理解を妨げることになると厳しく批判しているのです。倉橋さんによると、子ども同士の「ぶつかり合い」は、互いの弾力(弾き、弾き返される力)の相互発現であり、それを通して自らの自発性と同時に他者の自発性を身体で感じ取り、そこから自然に、他者を思いやる「心もち」(共感的人間理解)が育つのだというのです。

どんな子どもにも人間性の「芽」はちゃんとある

　ここで倉橋さんが想定しているのは、子ども同士が「対等に」ぶつかり合う場合に限っているのでしょうか。一方が他方を無視して「力ずく」で奪ったりする場合はどうなのでしょう。その場合は、「力ずくで（遊具を）奪った」ほうは、自らの自発性を実感し、「やったぜ」感はあるかもしれませんが、相手の「奪い返そうとする」自発性には「ぶつかっていない」ため、相手の「弾力」は全く感じられないでしょう（野球で、思い切りバットを振って空振りになったようなものです）。でも、倉橋さんはおそらく、その子にはどこか「さびしさ」があると見ているのではないでしょうか。

　倉橋さんによれば、どんな子どもにも、他人と共感的にかかわり合って生きようとする人間性の「芽」はちゃんとあるのであり、それをあえて「培う」とか「育む」というような「望ましさ」（道徳性）をもとにしたかかわりで子どもになんらかの「道徳性の意識化」を促すことは、この「自然な思い（心もち）」の芽を摘み取ってしまうことになると言うのです。

　そうなると、この場合の保育者のかかわりとしては、E先生のように、いちばん悲しい思いをしている子ども（この場合はKくん）に寄り添って、そのつらさ、悲しさをわかってあげることが第一でしょう。「Kくんもやりたかったねえ。どうしようか……」——これが最善のかかわりでしょう。そのうえで、頑強に手押し車を離さないでいたRくんを、「もしかしたら、"どーぞの車"が届くかもしれないよ」と言って見ている。これは、Rくんの中にあるはずの、Kくんの思いを慮る心の芽を信じて、Rくんのほうから（まさに自発的に）Kくんを思いやる心が発現することを「待って」いるのです。その際、RくんがKくんへの思いを、いちばん抵抗なく発現できるように、Rくん自身の気持ちそのものでなく、その代替物（"どーぞの車"）のふるまいというすてきな文脈を、そっと差し出してあげているのです（すごいですね）。

　でも、もしもRくんが"どーぞの車"をいつまでも差し出さなかったら？

事例 8

E 先生はにこにこと、K くんの肩をポンとたたいて立ち去るでしょう。「2 人は絶対、いつか仲良しになる」と信じて。

“点”で見るか、“つながり”を見るか

井桁さんは、E 先生は子どもを“点”で見るのではなく、“つながり”の中で見ているとしています。このことで思い出したのは、聖路加国際大学名誉教授の井部俊子さんが看護教育についての本の冒頭で、次のように述べておられることです[iii]。

“物事をきわめて単純化して論じると、専門看護師が行なっている臨床推論は「動画」的推論であり、医師が行なう臨床推論は「スナップ写真」的推論であるという仮説をおくことができる。”

ここで、なぜ医師は医療現場を「スナップ写真」で捉えるのでしょうか。それは医師の仕事が診断（評価）と処方（治療法の決定）にあるからでしょう。今見えている事柄を「○○である」と判断を下して、ただちに「どうすべきか」を決める。しかし、看護師はすべてを「なりゆき」で捉える。「どうだったのか」、「だから、いま、どうなのか」、「これから、どうなる（／どうする）のだろう」を、見ている対象（患者）の身になって、その患者が「生きようとしている」ことに寄り添う。

多くの保育者はベテランになると「医師的」になりがちですが、E 先生は「看護師的」であり続けているのです。

i：小川博久著『保育援助論（復刻版）』萌文書林、2010 年、P.5
ii：水津幸恵著『保育の場における子どもの対人葛藤』ミネルヴァ書房、2020 年
iii：井部俊子・大生定義監修『専門看護師の思考と実践』医学書院、2015 年

子どもの心の育ち

＼ 子どもって、みごと! ／

保育者の見地から

「心の機微」の先に
育ちが見える

井桁容子

「子ども」と呼んでいいの？
──見事なやりとり

　2歳児クラスの数人が、テーブルで思い思いに絵を描いているところに、1歳児クラスのUちゃん（2歳1か月）が近づいてきました。一緒にやりたくなったようで、Hくん（3歳5か月・2歳児クラス）の対面の椅子に座りました。保育者に紙を用意してもらうと、正面のHくんのクレヨンの箱に手を伸ばしました。それに気付いたHくんは、「ダメ!」とUちゃんの手からクレヨンを奪い返しまし

た。でも、Uちゃんは、懲りずに何度もHくんのクレヨンに手を伸ばし続けます。
　側で様子を見ていたM先生（1歳児クラス担任・Uちゃんが2歳児クラスに興味を示したので付いてきた）が、「Uちゃん、これはHくんのクレヨンだからダメみたい。こっちのクレヨンはどうかしら？」と、みんなで共有するクレヨンの箱から（2歳児クラスは自分専用のクレヨンを持っている）同じ色のクレヨンを差し出しました。しかし、Uちゃんは首を横に振って受け取りません。「そうなの……。嫌なのかあ。どうしようかなあ」

57

とつぶやくM先生。すると、隣に座っていたAくん（3歳7か月・2歳児クラス）が「これ使っていいよ！」とUちゃんにクレヨンを1本差し出しました。M先生が「わ〜っ！　ありがとう！　Uちゃん、良かったね。Aくんがこのクレヨン貸してくれるって！」と言うと、Uちゃんはうれしそうにクレヨンを受け取り、満足げに絵を描き始めました。

　するとそのやりとりの間、黙々と絵を描いていたHくんが、おもむろに自分のクレヨンを1本取ってAくんに、黙って差し出したのです。Aくんは「Aちゃんのがあるから大丈夫だよ」と言いながら、自分のクレヨンの箱から同じ色を取ってHくんに見せました。Hくんは、何も言わずに自分のクレヨンをクレヨンの箱に戻して、また絵の続きを描き始めました。

側にいる大人次第で 心動く展開は変わる

　2歳と3歳の子どもの、言葉にしていない心の動きが、あまりにも見事で唸るばかりです。ただ、この心の動きがこんなに見事に見えてくるのは、側にいるM先生に子どもに「教える」「わからせる」ための余分な言葉がないからだと思うのです。「人の物は取ってはダメよ」とか、「1つ貸してあげるのが優しさよ」などと、この時点で声をかけなかったのは、HくんがUちゃんにどのように対応するかを見ていたのだと思います。自分の大切な物を「ダメ！」と守る気持ちを表せるこ

とも大切ですし、Uちゃんがどうしても自分が欲しいという気持ちを譲らずに何度もHくんのクレヨンに手を伸ばしたことも、気持ちの表現として当然のことと尊重しました。そして、気持ちが出揃ったところで、ほかにあるクレヨンを提案しました。ところが、Uちゃんはすんなりとは納得しません。ここにUちゃんの気質が見えてきます。自分が欲しいと思ったことを貫ける強さです。そこで、M先生は困ってみせます。それは、Hくんの心が動くか、Uちゃんの心が動くかを待つ「間」です。そうしたら、思いがけず第三者のAくんが解決策を提案してきました。ここで登場した救世主は、HくんとUちゃんには、自分の緊張を解いてくれるありがたい存在だったことでしょう。Uちゃんは、ありがたくそのクレヨンを受け取りながら、Aくんの気持ちも受け取ったのではないかと思います。

　そしてHくんはなぜ、UちゃんにではなくAくんにクレヨンを差し出したのか？　Aくんに対して何かしなければならない感覚をもった。つまり、自分が貸してあげればよかったのかな？　という罪悪感なのか、それとも、単純にうれしかったかお礼の気持ちだったのかは、私にはつかめませんが、そっとしておいてよいことだと思います。とかく、保育者は、その都度解決したくなるものですが、子どもも大人も、曖昧な心の機微をため込みながら、やがて見えてくることが「心の育ち」につながるように思います。

研究者の見地から

「仲間になる」ということ

佐伯 胖

今回の井桁さんのエピソードには所々、「あれ？」と戸惑ってしまうところがあります。以下では私がどこで戸惑ったか、またそれをどう解釈したかをお伝えします。

「Hくんのクレヨン」が欲しい

2歳児クラスの数人が絵を描いているところに1歳児クラスのUちゃんが来て、Hくんの対面に座りました。そこでUちゃんが突然Hくんのクレヨンの箱に手を伸ばして（何色だかの）クレヨンを取ろうとしたところ、Hくんが「ダメ！」と言いました。でも、Uちゃんは、懲りずに何度もHくんのクレヨンに手を伸ばし続けたのです。側で見ていたM先生が「Uちゃん、これはHくんのクレヨンだからダメみたい」と言って、「みんなで共有するクレヨンの箱」から同じ色のクレヨンを差し出しても、Uちゃんは首を横に振って受け取りませんでした。

さて、どうしてUちゃんは「Hくんのクレヨン」にこだわったのでしょうか。

まずこの場の状況を想像してみましょう。この「お絵描きグループ」（2歳児クラス）の子どもたちは皆、それぞれ「自分のクレヨン箱」を手元に置いて、そこからクレヨンを使っていました（井桁さんに確認済み）。でも1歳児クラスから来たUちゃんには「自分のクレヨン箱」はなく、M先生が用意した「共有のクレヨン箱」だけです（確認済み）。そこで考えられることは、こういうことです。Uちゃんは「自分はもう2歳で、クラスは違っても、この子たちと一緒にお絵描きしてもいいはずだ」と思い、その2歳児グループの一員として、そのグループの子どもたちがやっているように、目の前のクレヨン箱のクレヨンで絵を描きたい。「共有のクレヨン」はUちゃんから見れば場違いで、いわば「ルール違反」になる。だから、このグループの「仲間になる」には、みんなが使っているクレヨンを使わなければならない。そう思ったのではないでしょうか。また、Uちゃんにしてみれば、気持ちとしてはもう「2歳児クラス」なので、1歳児クラスのM先生からのかかわりには応じたくないのでしょう。

【 Aくんの心遣い 】

　次に、M先生の横に座っていたAくんが「これ使っていいよ！」とUちゃんにクレヨンを１本差し出しました。想像するに、AくんはHくんと同じ３歳なので、日ごろからHくんと親しかったのかもしれません。それでHくんとUちゃんのやりとりは「他人事でなく」Aくんの目に入っていたのでしょう。AくんはUちゃんがテーブルの上にあるHくんのクレヨンを欲しがっている気持ちもわかるし、自分のクレヨンを取られるのが嫌なHくんの気持ちもわかる。そこでHくんに「なりかわって」、自分のクレヨンを貸してあげようとしたのでしょう。それに対し、Uちゃんは「うれしそうに」そのAくんのクレヨンを受け取って、絵を描き始めたとのことです。

　Uちゃんは、このグループのほかの子どもたちと対等に、（たぶん、少し離れたところの）「共有クレヨン」ではなく、２歳児グループがお絵描きをしている場所（そのテーブル）に置いてあるクレヨンで絵を描きたかった。だからHくんのクレヨンに手を出したら、Hくんに怒られちゃった。でもAくんが渡してくれたのは、「共有クレヨン」ではなく、Aくんのクレヨン箱のクレヨンで、それはまさしく「２歳児グループの子どもたちが使っているクレヨン」でした。それを使ってそのグループのみんなと同じようにお絵描きができた。そのことをこのグループの重要メンバー（２歳児クラスのお兄ちゃん、３歳児のAくん）に「認められた」わけで、これで「みんなの仲間になれた」のです。

【 HくんとAくんの信頼と友情 】

　この後、Hくんが「AくんがUちゃんに貸してあげたクレヨン」の代わりになりそうなクレヨンをAくんに差し出したところ、Aくんは「Aちゃんのがあるから大丈夫だよ」と言いながら、自分の同じ色のクレヨンをHくんに見せました。Aくん

はHくんの心遣いに感謝しつつも、Hくんの提供は（「大丈夫だよ」という気持ちで）やんわりと断ったのでしょう。ここには、AくんとHくんの深い信頼と友情が見られます。

《 正統的周辺参加論から 》

　さて、以上の出来事を理解するにはレイヴ＆ウェンガーの「正統的周辺参加」に関する理論[i]がヒントになります。レイヴ＆ウェンガーによると、人が他者と共に学び成長するのは、なんらかの実践の共同体への参加を通してその共同体の成員からその参加を「正統的に」認められることにより、自らの成員性のアイデンティティ[ii]を得ることによるとするのです。かくして、人は常になんらかの実践共同体への参加を通して一人前の人間になっていく──これがいわゆる「仲間になる」ということです。1歳児クラスだけど「2歳になった」Uちゃんは、自分はもう「2歳児グループの仲間に入れること」に憧れていましたが、まさに「仲間に入れた」ので、さぞ、うれしかっただろうと想像できます。

　Uちゃんの「育とうとする力」、それを受けとめ、温かく支えるAくん、そのAくんの行為（Hくんのクレヨンを「取っちゃった」ことを咎めるどころか、Uちゃんの願いを叶えてあげた親切な行為）に、賛同とお返し（Aくんに自分のクレヨンを渡すこと）をしようとしたHくん……この子たちの心配りの細やかさと温かさは、なんてすてきな、そして人間として立派な姿ではありませんか。

　さらに、これらの経緯を丁寧に、温かいまなざしで見守り続けたM先生の保育者としてのありようも、まさに賞賛に値するものでしょう。

---

i：J.レイヴ＆ E.ウェンガー著、佐伯胖訳『状況に埋め込まれた学習―正統的周辺参加―』産業図書、1993年
ii：自分自身のありようが、その共同体のメンバーとして正統だという承認と自覚

事例 10　思い切り遊ぶことの意味

\ 子どもって、みごと! /

保育者の見地から

「思い切り」の経験が
乳幼児期の心を育てる

井桁容子

▌▍保育室の中央に本を積む ▍▶
──片付けを促す絶妙な声かけ

　Yちゃん（3歳5か月）とTくん（3歳4か月）は、廊下の本棚から絵本を1～2冊ずつ保育室に運び出し、保育室の中央に置いてある椅子の座面に重ねています。2人とも、時折顔を見合わせて楽しそうです。その様子に気付いたKちゃん（3歳1か月）も、楽しそうと感じたのか、2人に加わり、同じように廊下の本棚から絵本を運んでは、椅子の上に絵本を重ね始めました。次第に重ねた本が斜めに傾き始め

ると、今度は、椅子を囲むように床の上に絵本を運んできては置いていきます。

　担任のM先生（保育歴2年）は、どうしていいかわからず困りながらも、3人に時々目をやりつつ、ほかの子どもとのやりとりをしていました。

　一緒に担任をしているT先生（保育歴10年）は、食事の片付けや他児のトイレの世話などで動いていますが、「困ったなあ、本をそんなふうにするのはなしだね」と3人に声をかけました。でも止める気配はありません。最初にこの遊びを思いついたYちゃんは、TくんやKちゃんが

同調してくれたのでうれしそうでした。しかし、おどけるのが大好きなTくんがどんどんエスカレートして絵本を運び始めた時に、Yちゃんの表情が一瞬こわばることがありました。"ちょっとやり過ぎかも……"と罪悪感があったのかもしれません。でも、そうするとTくんがひょうきんな顔をしたり踊ったりして楽しい雰囲気をつくるので、笑い合っていました。

　そのうちYちゃんは、1〜2冊ずつ運ぶのでは効率が悪いと思ったのか、段ボール箱を持ってきて、その中に絵本を何冊も入れ、3人で箱を持ち上げて「おもい！おもい！」と運び始めました。しかし、運んでいる途中で床に落として、箱から本が飛び出しました。すると、Yちゃんが「わあ！　びっくり〜!!」と言い、3人で顔を見合わせて笑い合い、散乱した本を床から拾って手で持って部屋の中央までせっせと運んでいました。とうとう保育室の真ん中は、絵本でいっぱいになりました。そこへやっとT先生がやってきました。そして「うわ〜っ！　びっくり」と、まるで今気付いたかのように驚いてみせました。さらに、T先生は困った顔をしながら「これじゃあ、ここでみんなが遊べないし、本も読めなくなっちゃうし、楽しく遊べないねえ」と穏やかに3人に話し、周囲にいた子どもたちも大きくうなずきました。

　次にT先生は3人に「さあ！　ダンプカーさんたち！　本棚までこの本をお願いしま〜す！」と言いました。すると、3人はT先生が待つ本棚まで、いろいろな工夫をしてせっせと本を運び始めました。その作業中も、Tくんは時々おどけた表情をしたり、「こりゃこりゃ」と踊るように体を動かしたりするので、ほかの2人も笑いながら1冊残らず本棚に戻しました。

正しいことを教えるだけでなく

　M先生は後にこの時のエピソードを振り返り、T先生の「片付け」の声をかける絶妙なタイミングが、子どもたちのいたずらのワクワク感をつぶすことなく、片付ける意味を伝えていることに大変勉強になったと述べています。

　さて、T先生は保育者として、3人をきちんと叱って絵本の大切さを教えなくてよかったのでしょうか？　子どもたちはこの後、絵本を大切にしなくなったでしょうか？　ほかの子どもたちがまねて同じことをやるようになったでしょうか？　どれもノーです。3人もそれを見ていたほかの子どもたちも、ちょっとやり過ぎたことを知っていました。そして、T先生は、子どもたちが絵本を乱暴に扱ってはいないこと、たくさんのものを運ぶことを工夫しながら楽しんでいることをきちんと見ていました。

　保育の中で、"正しい"ことをしっかり早く教えることに気を奪われて、「思い切り」の経験が減らされていないでしょうか。乳幼児期の「思い切り」の経験は、何か大切な心が育つように思うのですが。

\ 子どもって、みごと！/

研究者の見地から

「意味がないこと」の意味

佐伯 胖

新しい秩序を創造するトリックスター

　世の中には、「何かのためにするのではないこと（とりたてて意味のないこと）」でおもしろいことってありますよね。鉛筆を指先でクルクル回すなんてこともそのうちの1つでしょう。

　Yちゃんが「廊下の本棚の絵本を保育室の椅子の座面まで運んでみる」というのも、あえて「何かのためにするのではないこと」をやってみたくなったのでしょう。それをひょうきん者のTくんが見つけて、「おもしろがった」わけです。その「おもしろがり」にKちゃんも思わず引き込まれて加わりました。

　文化人類学では神話や民間伝承の中で既存の慣習や秩序を外してみる「トリックスター」が、新しい秩序の創造には欠かせないとしています。幼稚園でも学校でも、「おどけ者」や「いたずらっ子」は、いつの間にかできあがっている不文律や慣習のマジメ主義に風穴を開けてくれる貴重な存在です。

　ところで、廊下の本棚の絵本を保育室の椅子の周りに集めるということは、確かに「なんの目的もない（意味がない）こと」ですが、「絵本を運ぶ」ということ自体にはいろいろな工夫があり、様々な発見もあります。

　Yちゃんが思いついた「段ボール箱に絵本を詰めてみんなで運ぶ」というのは素晴らしい「新手」ですね。いっぺんにたくさん運べるだけでなく、「3人が一緒に運ぶ」という新しいおもしろさが生まれました。3人ともこの「絵本運び」に熱中して、我を忘れ、時間を忘れ、周辺の事物や出来事からも切り離して、「今、ここ」に集中しているのです。

　このように、「今、ここ」に没頭して「やっていること」に没入する感覚を、チクセントミハイ[i]は「フロー」と名付け、子どもの遊びだけでなく、大人でも特に様々な分野で一流の仕事をしている人たちはしばしば「フロー」に「はまる」のだとしています。そのことを、彼は登山家、芸人、ミュージシャン、作家、科学者や芸術

家などから聞き取り調査をして、彼らが創造的「しごと」の最中で「フロー」にはまっている時は、時間を忘れ、「今、ここ」に集中して、既存の慣習や秩序を遊び心で逸脱することを楽しみながら、探究や制作活動に没頭していることを明らかにしています。

三人称的に自分を見るおてんとうさまの目

　ところで、そのように「対象世界に没頭している時」というのは、本当に「我を忘れて」いるのでしょうか。

　没頭しているさなかでは確かに「我を忘れて」いますが、何かをやり遂げて「一区切り」がつくと、ふと我に返って、周辺状況にある自分を、道徳的判断を含めていわば「三人称的に」見るまなざしが生まれるのです。

　現象学者のM・メルロ＝ポンティによると、そもそも私たちがモノを「見ている」時、対象は自分にとって「見えている」だけでなく、だれでもないヒト（「非人称的・匿名的主観」）に見えていることが自然に「降りてくる」のだとしています。私はそれを「おてんとうさま」の目と名付けました。これは自然に（おのずから）「周りのことが見えてくる」という見え方です。

「周りのことが見える」

　絵本を廊下の本棚から保育室の中央にせっせと運んでいた3人には、保育室の真ん中が絵本でいっぱいになるまでは「周りのことが見えていなかった」わけです。これはふつう「いけないこと」だから、大人は「周りを見てごらんなさい！　どうするんですか」と問い詰めて、「ちゃんと責任をとりなさい！」と「反省させる」わけです。

　國分功一郎さんは「責任」というのは本来「取らせる」ものではなく、おのずから「取

らないではいられなくなる」ものだとしています[ii]。そもそも、「周りのことが見える」というのは「見させられる」もの（「見させる」という能動態を受けた受動態）ではなく、「（おのずから）見えてくる」という「中動態」（能動／受動でない動詞）だとしています。「責任を取る」というのは、「周りが見えてきた時に、おのずから、"困った事態"をなんとかしたい」という、湧き起こってくる行為（これも能動／受動でない中動態の動詞）なのです。

　事例では、保育室の真ん中が絵本でいっぱいになった時にＴ先生がやってきて、「これじゃあ、ここでみんなが遊べないし、本も読めなくなっちゃうし、楽しく遊べないねえ」と穏やかに話しました。Ｔ先生は、3人の子どもたちが「周りのことがおのずから見える」ようになっているタイミングを見計らって登場したのです。そこで子どもたちはそれぞれふと我に返って、自分たちがやったことの「責任を取る」という（「取らされる」という受動態でなく）中動態行為が自然にできたわけです。

　そこで、Ｔ先生は、「さあ！　ダンプカーさんたち！　本棚までこの本をお願いしま〜す！」と言いました。Ｔ先生は3人の先ほどまでの「いたずらっぽい遊び心」を否定せず、その調子に「のる」形で、「ダンプカーさんたち」の遊びの「続き」で、本を元に戻す活動が「自然に湧き起こる」のを促したわけです。素晴らしい見識ですね。

ⅰ：ハンガリー出身の心理学者
ⅱ：國分功一郎・熊谷晋一郎著『＜責任＞の生成―中動態と当事者研究』新曜社、2020 年

付 録

園内研修用

気づき・感想シート

「気づき・感想シート」の使い方

本書の事例1～10を基に「気づき・感想シート」を活用することで、園内研修で以下のような使い方ができます。頭の中で考えたことを発言するより、シートに書くことで参加者の考えが明確になり、意見交換も活発になって、より充実した研修が期待できます。

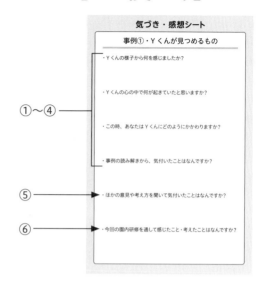

研修の手順（例）

1 シートをコピーして、園内研修の参加者に配布する。
※事例解説ページについては事前の回覧などもできますが、本書を各自1冊所持することでくり返し確認ができ、理解が深まります。

2 参加者各自で井桁先生による事例と解説、佐伯先生による解説を読み込み、①～④について記入する。

3 ①～④について記入後、参加者が数人のグループ内で、もしくは全体で発表して内容を共有し、子どもの姿の読み取り方やかかわり方について意見交換する。

4 ほかの参加者の発表を聞いて気付いたことを⑤に記入する。

5 最後に、研修中の参加者との意見交換を含めて気付いたことや感想を⑥に記入する。

※参加者の記入済シートは園長が回収して今後の保育の改善のための参考材料として活用できます。また、参加者がコピーを各自で保管することで、自身の子どもの姿の読み取り方、かかわり方の変化を確認することができます。

気づき・感想シート

事例①・Yくんが見つめるもの

・Yくんの様子から何を感じましたか？

・Yくんの心の中で何が起きていたと思いますか？

・この時、あなたはYくんにどのようにかかわりますか？

・事例の読み解きから、気付いたことはなんですか？

・ほかの意見や考え方を聞いて気付いたことはなんですか？

・今回の園内研修を通して感じたこと・考えたことはなんですか？

気づき・感想シート

事例②・TくんとHくんの優しい気持ち

・TくんとHくんの様子から何を感じましたか？

・TくんとHくんの心の中で何が起きていたと思いますか？

・あなたはTくんとHくんにどのようにかかわりますか？

・事例の読み解きから、気付いたことはなんですか？

・ほかの意見や考え方を聞いて気付いたことはなんですか？

・今回の園内研修を通して感じたこと・考えたことはなんですか？

気づき・感想シート

事例③・几帳面なNちゃんが……

・Nちゃんからの散歩の提案をどう感じましたか?

・Nちゃんの心の中で何が起きていたと思いますか?

・あなたはNちゃんからの提案にどのように応えますか?

・事例の読み解きから、気付いたことはなんですか?

・ほかの意見や考え方を聞いて気付いたことはなんですか?

・今回の園内研修を通して感じたこと・考えたことはなんですか?

気づき・感想シート

事例④・音づくりを楽しむRくん

・トラブルの絶えないRくんから何を感じましたか?

・Rくんの心の中で何が起きていたと思いますか?

・Rくんの特性を踏まえ、あなたはどのようにかかわりますか?

・事例の読み解きから、気付いたことはなんですか?

・ほかの意見や考え方を聞いて気付いたことはなんですか?

・今回の園内研修を通して感じたこと・考えたことはなんですか?

気づき・感想シート

事例⑤・ズボンを穿くのに格闘したHくん

・Hくんの様子と言葉から何を感じましたか？

・Hくんの心の中で何が起きていたと思いますか？

・この時、あなたはHくんの言葉にどのように応えますか？

・事例の読み解きから、気付いたことはなんですか？

・ほかの意見や考え方を聞いて気付いたことはなんですか？

・今回の園内研修を通して感じたこと・考えたことはなんですか？

気づき・感想シート

事例⑥・我慢することの意味

・母親と女の子、母親と男の子とのやりとりに何を感じましたか?

・女の子と男の子の心の中で何が起きていたと思いますか?

・この時、あなたは女の子と男の子の言葉にどのように応えますか?

・事例の読み解きから、気付いたことはなんですか?

・ほかの意見や考え方を聞いて気付いたことはなんですか?

・今回の園内研修を通して感じたこと・考えたことはなんですか?

気づき・感想シート

事例⑦・くり返すことの意味

・Rくんの様子から何を感じましたか?

・Rくんの心の中で何が起きていたと思いますか?

・この時、あなたはRくんにどのようにかかわりますか?

・事例の読み解きから、気付いたことはなんですか?

・ほかの意見や考え方を聞いて気付いたことはなんですか?

・今回の園内研修を通して感じたこと・考えたことはなんですか?

気づき・感想シート

事例⑧・子どもの行為をつながりで見る

・RくんとKくんの様子から何を感じましたか？

・RくんとKくんの心の中で何が起きていたと思いますか？

・この時、あなたはRくんとKくんにどのようにかかわりますか？

・事例の読み解きから、気付いたことはなんですか？

・ほかの意見や考え方を聞いて気付いたことはなんですか？

・今回の園内研修を通して感じたこと・考えたことはなんですか？

気づき・感想シート

事例⑨・子どもの心の育ち

・Uちゃん、Hくん、Aくんの様子から何を感じましたか？

・Uちゃん、Hくん、Aくんの心の中で何が起きていたと思いますか？

・この時、あなたは3人にどのようにかかわりますか？

・事例の読み解きから、気付いたことはなんですか？

・ほかの意見や考え方を聞いて気付いたことはなんですか？

・今回の園内研修を通して感じたこと・考えたことはなんですか？

気づき・感想シート

事例⑩・思い切り遊ぶことの意味

・Ｙちゃん、Ｔくん、Ｋちゃんの様子から何を感じましたか？

・Ｙちゃん、Ｔくん、Ｋちゃんの心の中で何が起きていたと思いますか？

・この時、あなたは３人にどのようにかかわりますか？

・事例の読み解きから、気付いたことはなんですか？

・ほかの意見や考え方を聞いて気付いたことはなんですか？

・今回の園内研修を通して感じたこと・考えたことはなんですか？

おわりに

　本書のタイトルは『子どもって、みごとな人間だ！』ですが、井桁さんについて言えば、「おとなって、みごとな子どもだ！」と言わないではおられません。ここでいう「子ども」は、本書の事例3への佐伯解説でも取り上げた、アーウィン・シンガーが『心理療法の鍵概念』i の中で心理療法家がもつべき特質としてあげている「子どもらしさ（childlikeness）」のことです。シンガーのいう「子どもらしさ」は「子どもっぽさ（childishness）」とは違います。シンガーのいう「子どもらしさ」を、若干佐伯流の言い換えを交えますが、あらためてできるかぎり正確に紹介しますと次の5項目になります。それは①ものごとに夢中になること、②不誠実さには進んで拒絶・反対を表すこと、③驚きを受け入れること、④柔軟に（こだわりなく）探索すること、⑤ものごとに「聴き入る」こと。このどの項目も、井桁さんにはぴったりですね。

　その「子どもらしい」井桁さんが毎回取り上げる事例（エピソード）は、私にとっては全力でお応えしないではおられませんでした。ただ、井桁さんの投げかける直球をしっかり受けとめるつもりが、結局は「自分が話したいことを話す」という、いつもの悪いクセに陥っていることが多くありました。いわゆる「学者の知ったかぶり」ですね。この点については、読者の皆様にもお詫びしなければなりません。私が「子どもらしく」なれなかったのです。ごめんなさい。

　ただ、言い訳がましいことを言いますが、学者（研究者）として、最近の人間学研究での重要テーマをいくつか（ほんのサワリ程度ですが）取り上げたつもりです。井桁さんの事例に「即して」とは言い難いけど、やや「脱線」して、自分なりに最近関心をもっていることについて（知ったかぶりで）しゃべっています。脚注に文献をあげておきましたので、もしもご関心をおもちなら、参照してください。

　井桁さんのまっすぐな直球に対する、ズレやトンチンカンな「応答」のやりとり、「これじゃあ、応えになっとらん！」などという不満もあったでしょうが、そのズレも「おもしろい」として読んでいただけたかも、と虫のいい願いを捨てきれません。ダメですか。

佐伯 胖

---

i：アーウィン・シンガー著、鑪幹八郎・一丸藤太郎訳編、誠信書房、1976年

［著者］
佐伯 胖 （さえき ゆたか）

公益社団法人信濃教育会教育研究所所長。東京大学・青山学院大学名誉教授。専門は教育学、認知科学、幼児教育学。認知心理学研究の第一人者でもある。主な著書に『幼児教育へのいざない―円熟した保育者になるために―』（東京大学出版会）、『子どもを「人間としてみる」ということ―子どもとともにある保育の原点』（共著、ミネルヴァ書房）、訳書に『驚くべき乳幼児の心の世界―「二人称的アプローチ」から見えてくること』（V. レディ著、ミネルヴァ書房）など多数。

井桁容子 （いげた ようこ）

東京家政大学ナースリールームにて長く乳幼児保育にかかわる。2018 年に退職後、フリーの乳幼児教育実践研究家として全国で保育者や保護者対象の研修会や講演を行っている。著書に『「ていねいなまなざし」でみる乳幼児保育』『子どもの見方が変わるみんなの育ちの物語』『0・1・2歳児からのていねいな保育（第2巻・第3巻）』（共著、共にフレーベル館）など。非営利団体コドモノミカタ代表理事。

本書は『保育ナビ』2019 年度連載「子どもと同じおもしろさを感じる！ 子どもとおもしろさでつながる！ 乳幼児保育～実践と研究から～」と 2020 年度連載「毎日が will の発見‼ 0・1・2歳児の保育～実践と研究から～」の内容を整理して加筆・修正し、新規原稿を加えて編集したものです。

イラスト／近藤えり

校　正／鷗来堂

保育ナビブック

子どもって、みごとな人間だ！
―保育が変わる子どもの見方―

2021 年 11 月 19 日　初版第 1 刷発行
2022 年 11 月 25 日　初版第 2 刷発行

著　者　佐伯 胖　井桁容子
発行者　吉川隆樹
発行所　株式会社フレーベル館
　　　　〒 113-8611　東京都文京区本駒込 6-14-9
　　　　電話　〔営業〕03-5395-6613
　　　　　　　〔編集〕03-5395-6604
　　　　　　　振替　00190-2-19640
印刷所　株式会社リーブルテック

表紙デザイン　blueJam inc.（茂木弘一郎）
本文デザイン　アイセックデザイン

© SAEKI Yutaka, IGETA Yoko 2021
禁無断転載・複写　Printed in Japan
ISBN978-4-577-81504-5　NDC376　80P ／ 26 × 18cm

乱丁・落丁本はお取替えいたします。
●フレーベル館のホームページ　https://www.froebel-kan.co.jp/